Steuerrecht

Übungen & Musterklausuren

Monika Seeba

EduMedia

Steuerrecht - Übungen & Musterklausuren

Autorin:
Monika Seeba,
Dozentin für Steuerrecht

Herausgeberin:
Dr. Hannelore Bastian
Leiterin der Abteilung Programmqualität der Hamburger Volkshochschule

1. Auflage, POD-5.0 Druckversion vom 02.03.2011

Redaktion: Manfred Ott
Layout, Satz und Druck: Educational Consulting GmbH, Ilmenau
Printed in Germany

Internetadresse: http://www.edumedia.de

ISBN 978-3-86718-**556**-1

Vorwort

Liebe Leserin, lieber Leser,

ich freue mich über Ihr Interesse an der Xpert Business-Reihe. Gerade in der heutigen Zeit, in der mehr denn je Verständnis für volks- und betriebswirtschaftliche Fragen erwartet wird, spielt auch das Thema Steuerrecht eine wichtige Rolle für die Perspektive am Arbeitsplatz.

Der vorliegende Band wurde entwickelt, um Ihnen das Lernen im Kurs und zu Hause zu erleichtern. Er bietet eine Fülle von Übungen sowie Original-Musterklausuren, die den Leser einladen, seine Kenntnisse und Erfahrungen zu vertiefen, zu erweitern und unter Beweis zu stellen. So kann Ihre Aufmerksamkeit ganz auf das Kursgeschehen gerichtet bleiben. Der Inhalt des Bandes ist in enger Zusammenarbeit von Verlag und Masterprüfungszentrale entstanden.

Ich wünsche Ihnen viel Erfolg mit dem vorliegenden Band und hoffe, dass Sie durch die Arbeit mit der Xpert Business Reihe nicht nur mehr Wissen und Können, sondern auch noch mehr Spaß am Lernen gewinnen.

Ihr
Dr. Bernd Arnold

Leiter der Masterprüfungszentrale Xpert Business

Anmerkung:
Damit unsere Unterrichtsmaterialien lebendig und lesbar bleiben, haben wir in dem vorliegenden Band auf Wortungetüme wie „LeserInnen" u.ä. verzichtet und stattdessen die männliche Form verwendet. Bitte haben Sie Verständnis für unser Vorgehen, liebe Leserin. Sie sind selbstverständlich ebenso gemeint, wenn wir z.B. von „dem Unternehmer" oder „dem Kaufmann" sprechen.

Inhaltsverzeichnis

1 Übungen 7

1. Übung: „Abgabenordnung“ 8
2. Übung: „Bewertungsrecht“ 11
3. Übung: „Wichtige Steuern der Unternehmung“ 13
4. Übung: „Einkommensteuer“ 16
5. Übung: „Lohnsteuer (Arbeitgeber)“ 18
6. Übung: „Gewerbesteuer“ 20
7. Übung: „Umsatzsteuer“ 22

Lösungen zur 1. Übung 25
Lösungen zur 2. Übung 26
Lösungen zur 3. Übung 27
Lösungen zur 4. Übung 28
Lösungen zur 5. Übung 29
Lösungen zur 6. Übung 30
Lösungen zur 7. Übung 31

2 Musterklausuren 33

1. Musterklausur 34
2. Musterklausur 46
3. Musterklausur 56

Lösungen zur 1. Musterklausur 69
Lösungen zur 2. Musterklausur 74
Lösungen zur 3. Musterklausur 78

3 Lösungen zum Lehrbuch 85

Kapitel 1: „Abgabenordnung“ 86
Kapitel 2: „Bewertungsrecht“ 89
Kapitel 3: „Wichtige Steuern der Unternehmung“ 90
Kapitel 4: „Einkommensteuer“ 91
Kapitel 5: „Lohnsteuer (Arbeitgeber)“ 95
Kapitel 6: „Gewerbesteuer“ 96
Kapitel 7: „Umsatzsteuer“ 98

1

Übungen

Wer sich mit dem Thema „Steuerrecht" auseinander setzt, wird schnell feststellen, dass sich Erfolg besser einstellt, wenn man viel übt und immer wieder auch die entsprechenden Gesetzestexte zur Hand nimmt.

Dieses Kapitel ist nach den Bausteinen des Fachbuches „Steuerrecht" aufgebaut.

Inhalt

- 1. Übung: „Abgabenordnung"
- 2. Übung: „Bewertungsrecht"
- 3. Übung: „Wichtige Steuern der Unternehmung"
- 4. Übung: „Einkommensteuer"
- 5. Übung: „Lohnsteuer (Arbeitgeber)"
- 6. Übung: „Gewerbesteuer"
- 7. Übung: „Umsatzsteuer"

- Lösungen zur 1. Übung
- Lösungen zur 2. Übung
- Lösungen zur 3. Übung
- Lösungen zur 4. Übung
- Lösungen zur 5. Übung
- Lösungen zur 6. Übung
- Lösungen zur 7. Übung

1. Übung: „Abgabenordnung"

Sie finden das Basiswissen zu dieser Übung im Lehrbuch „Steuerrecht", Kapitel 1. Die Lösungen finden Sie auf Seite 25.

Aufgabe 1

- Möbeleinzelhändler Berger in Hamburg ist mit seinem Unternehmen im Handelsregister beim Hamburger Amtsgericht eingetragen. Ist Berger steuerlich buchführungspflichtig?

....

....

....

....

Aufgabe 2

- Arno Lange betreibt auf einem gemieteten Grundstück einen Eisengroßhandel in Uetersen. Er besitzt in Soltau ein eigenes Einfamilienhaus, dort hat er auch seinen Wohnsitz. Finanzämter befinden sich in Uetersen sowie in Soltau.

Welches Finanzamt (bitte mit Bezeichnung) ist jeweils örtlich zuständig für die

a) Feststellung des Einheitswerts des Einfamilienhauses?

....

....

....

....

....

b) Festsetzung des Grundsteuermessbetrags für das Einfamilienhaus?

....

....

....

....

....

c) Einkommensbesteuerung von Arno Lange?

d) Umsatzbesteuerung von Arno Lange?

e) Festsetzung des Gewerbesteuermessbetrags?

Aufgabe 3

- Entscheiden und begründen Sie bei den folgenden Sachverhalten, ob jeweils ein Verwaltungsakt vorliegt.

a) Das Finanzamt übersendet den Bericht über eine durchgeführte Betriebsprüfung zur Begutachtung und Stellungnahme durch den Betrieb.

b) Das Finanzamt nimmt die Erteilung des Einkommensteuerbescheids vor.

c) Das Finanzamt stimmt dem Antrag auf Gewährung einer Buchführungserleichterung zu.

....

....

d) Das Finanzamt lehnt einen Antrag auf Stundung der fälligen Einkommensteuer-Vorauszahlung ab.

....

....

Aufgabe 4

◆ Waltraud Schanz übt in Hannover eine Tätigkeit als Dozentin an der dortigen Volkshochschule aus. Außerdem studiert sie in Hamburg Betriebswirtschaft. Für 2008 hat sie die Studienkosten in Höhe von 700,00 € als Betriebsausgaben bei der Ermittlung ihrer Einkünfte aus selbstständiger Arbeit in der Einkommensteuererklärung geltend gemacht. Das Finanzamt Hannover hat die Studienkosten aber als Sonderausgaben nach § 10 Abs. 1 Nr. 7 EStG als Ausbildungskosten und nicht als Betriebsausgaben anerkannt. Somit trat keine Auswirkung auf das zu versteuernde Einkommen von Schanz ein. Frau Schanz überlegt nun, ob sie einen Einspruch gegen den Einkommensteuerbescheid einlegen soll.

Hätte ein Einspruch Aussicht auf Erfolg? Bitte begründen Sie ihre Entscheidung.

....

....

....

....

....

....

....

....

....

....

2. Übung: „Bewertungsrecht“

Sie finden das Basiswissen zu dieser Übung im Lehrbuch „Steuerrecht“, Kapitel 2. Die Lösungen finden Sie auf Seite 26.

Aufgabe 1

- Ein 100.000 qm unbebautes Grundstück wird durch Parzellierung neu aufgeteilt. Immobilienmakler Binder erwirbt am 10. März 2008 eine 5.000 qm große Parzelle und errichtet auf diesem Grundstück ein Mehrfamilienhaus, das am 13. Dezember 2008 bezugsfertig gestellt wird.
  Zu welchem Stichtag ist für Binder erstmals ein Einheitswert mit welcher Feststellungsart festzustellen?

....

....

....

....

Aufgabe 2

- Zeitungsbesitzer Schwarz in Buxtehude kauft im Dezember 2008 für 200.000,00 € zzgl. 20.000,00 € Nebenkosten (Grunderwerbsteuer, Notar- und Maklergebühren etc.) direkt neben seinem Betriebsgebäude ein unbebautes Grundstück, das er als Parkplatz für Angestellte und Kunden nutzen möchte.

a) Nach welchem Gesetz richtet sich die bilanzielle Bewertung? Bitte begründen Sie.

....

....

....

....

....

....

b) Mit welchem Wert muss Schwarz dieses Grundstück in seiner Steuerbilanz zum 31.12.2008 ausweisen?

....

....

....

....

....

Aufgabe 3

- Am 01. Mai 2009 brennt das Einfamilienhaus des Fliesenlegers Sähn in Brenkenhagen durch Funkenflug beim traditionellen Mai-Feuer bis auf die Grundmauern nieder.
  Mit welchem Stichtag ist der Schaden bei der Einheitsbewertung des Grundstückes zu berücksichtigen?

....

....

....

....

....

....

Aufgabe 4

- Der Einheitswert des Betriebsgrundstücks des Installateurs Schäfer in Stuttgart ist zum 01.01.1987 auf 97.513 DM festgestellt worden.

a) Mit welchem Wert ist das Grundstück bei der Ermittlung des Grundsteuermessbetrags zu berücksichtigen?

....

....

....

....

....

b) Mit welchem Wert ist die Kürzung gemäß Gewerbesteuergesetz zu berechnen?

....

....

....

....

....

....

....

....

3. Übung: „Wichtige Steuern der Unternehmung"

Sie finden das Basiswissen zu dieser Übung im Lehrbuch „Steuerrecht", Kapitel 3. Die Lösungen finden Sie auf Seite 27.

Aufgabe 1

- Die Bemessungsgrundlage für die tarifliche Einkommensteuer ist das zu versteuernde Einkommen.

Erläutern Sie bitte die Begriffe

a) Gesamtbetrag der Einkünfte lt. § 2 Abs. 3 EStG

....

....

....

....

....

b) Einkommen lt. § 2 Abs. 4 EStG

....

....

....

....

....

....

c) zu versteuerndes Einkommen lt. § 2 Abs. 5 EStG

....

....

....

....

....

....

Aufgabe 2

- Natürliche Personen, die Einkünfte aus nicht selbstständiger Arbeit erzielen, zahlen Lohnsteuern.

a) Wer ist grundsätzlich Schuldner der Lohnsteuer?

b) Wer ist Steuerzahler der Lohnsteuer?

Aufgabe 3

- Der Gewerbesteuermessbetrag ergibt sich durch Anwendung der Steuermesszahl auf den maßgebenden Gewerbeertrag nach Kürzung um den Freibetrag.

a) Wie hoch ist der Freibetrag bei natürlichen Personen, Personengesellschaften und juristischen Personen?

b) Wie hoch ist die Steuermesszahl bei natürlichen Personen, Personengesellschaften und juristischen Personen?

Aufgabe 4

- Ist die Umsatzsteuer eine direkte oder indirekte Steuer? Bitte begründen Sie.

4. Übung: „Einkommensteuer"

Sie finden das Basiswissen zu dieser Übung im Lehrbuch „Steuerrecht", Kapitel 4. Die Lösungen finden Sie auf Seite 28.

Aufgabe 1

- Welche Arten der Gewinnermittlung sind Ihnen bekannt? Geben Sie bitte die dazugehörigen Paragraphen an.

....

....

....

....

....

....

....

Aufgabe 2

- Raumgestalterin Beatrice Richter hat die Planung eines Bekleidungsladens für die Einzelhändlerin Monika Strack im November 2008 durchgeführt. Richter erstellt am 20.12.08 eine Rechnung über 13.000,00 € zzgl. 2.470,00 € Umsatzsteuer. Strack zahlt am 05.01.09 (Eingang auf dem Bankkonto Richter am 06.01.09). Richter versteuert ihre Umsätze nach vereinbarten Entgelten.

Ermitteln Sie bitte die Gewinnauswirkungen bei Richter in den Jahren 2008 und 2009,

a) wenn sie ihren Gewinn durch Überschussrechnung nach § 4 Abs. 3 EStG ermittelt. Begründen Sie unter Angabe der entsprechenden Paragraphen.

....

....

....

....

....

....

....

....

b) wenn sie ihren Gewinn durch Bestandsvergleich nach § 4 Abs. 1 EStG ermittelt. Begründen Sie unter Angabe der entsprechenden Paragraphen.

Aufgabe 3

- Einzelhändler Trapp hat zum Frühjahr 2008 einen Posten modischer Damenblusen eingekauft (Anschaffungskosten 53,00 € je Stück). Am 31.12.2008 sind davon noch 10 Stück am Lager. Die Modemesse im Herbst 2008 hat gezeigt, dass die Frühjahrsmode 2009 sich erkennbar ändern wird. So beträgt der Teilwert der Blusen am 31.12.2008 nur noch 25,00 € pro Stück.
  Wie sind die Blusen in der Bilanz des Einzelhändlers zum 31.12.2008 zu bewerten?

Aufgabe 4

- Friseurmeisterin Schneider in Buxtehude schenkt im Jahre 2008 einer guten Kundin zu deren Geburtstag eine Haarspange für netto 27,00 € und zu Weihnachten einen Karton Rotwein für netto 13,00 €.

a) Sind diese Geschenkaufwendungen Betriebsausgaben? Bitte begründen Sie.

b) Sind die Geschenkaufwendungen bei der Gewinnermittlung abzugsfähig? Bitte begründen Sie.

.....

.....

.....

.....

.....

5. Übung: „Lohnsteuer (Arbeitgeber)“

Sie finden das Basiswissen zu dieser Übung im Lehrbuch „Steuerrecht“, Kapitel 5. Die Lösungen finden Sie auf Seite 29.

Aufgabe 1

- Arbeitslohn sind alle Einnahmen, die einem Arbeitnehmer aus seinem Dienstverhältnis zufließen. Welche Arten des Arbeitslohns kennen Sie?

.....

.....

.....

.....

.....

Aufgabe 2

- Arbeiterin Frau Scholz, ledig, wird am 20. Februar 2009 Mutter; mit ihrem Kind lebt sie in ihrer Frankfurter Wohnung in einer Haushaltsgemeinschaft. Bisher war bei Frau Scholz auf der Lohnsteuerkarte Steuerklasse I eingetragen.

a) Welche Lohnsteuerklasse kommt jetzt in Frage und warum?

.....

.....

.....

.....

.....

b) Wo muss Frau Scholz einen etwaigen Antrag auf Änderung der Lohnsteuerklasse stellen?

Aufgabe 3

- Teppichleger Franz eröffnet am 11. November 2008 einen Betrieb mit einer Sekretärin und einem Hilfsarbeiter. Er gibt für die Monate November und Dezember 2008 eine Lohnsteueranmeldung ab, aus der sich eine Lohnsteuer von insgesamt 375,00 € ermittelt.
  Welcher Lohnsteueranmeldezeitraum ist für Franz im Jahr 2009 maßgeblich?

Aufgabe 4

- Das Arbeitsverhältnis zwischen dem Klempnermeister Lehmann in Sassnitz und seinem Gesellen Meier ist getrübt und wird im beiderseitigen Einvernehmen zum 30. September 2008 beendet.
  Was muss Lehmann im Zusammenhang mit der Beendigung des Arbeitsverhältnisses beachten und tun?

6. Übung: „Gewerbesteuer"

Sie finden das Basiswissen zu dieser Übung im Lehrbuch „Steuerrecht", Kapitel 6. Die Lösungen finden Sie auf Seite 30.

Aufgabe 1

◆ Wann und in welcher Höhe sind die gesetzlichen Gewerbesteuer-Vorauszahlungen fällig?

....

....

....

Aufgabe 2

◆ Die Krafft AG, Lüneburg, stellt Klimageräte her.
Die vorläufige Bilanz zum 31.12.2008 weist einen Gewinn in Höhe von 55.300,00 €.

Die Krafft AG betreibt die Herstellung auf eigenem Grundstück (Grund und Boden und Gebäude), für das zum letzten Hauptfeststellungszeitpunkt der Einheitswert auf 25.000,00 € festgestellt worden ist. Ebenfalls gewinnmindernd berücksichtigt sind Zinsen in Höhe von 42.000,00 €, da für die Anschaffung einer neuen Maschine ein langfristiges Darlehen aufgenommen worden ist. Des Weiteren wurden gewinnmindernd 30.000,00 € Zinsen für die kurzfristige Inanspruchnahme des Kontokorrentkredits berücksichtigt. Es besteht ein rechtskräftig festgestellter Verlustvortrag aus dem Vorjahr in Höhe von 8.944,00 €. Der Lüneburger Hebesatz für die Gewerbesteuer kann mit 360 % angenommen werden.

a) Ermitteln Sie in der Bilanz zum 31.12.2008 die Gewerbesteuer".

b) Ergänzen Sie bitte – sofern gefordert – die entsprechenden maßgeblichen Gesetzesbestimmungen.

Benutzen Sie dazu das beigefügte Lösungsschema auf Seite 21. Nicht auszufüllende Rechtsgrundlagenfelder sind geschwärzt.

Lösungsschema zu Aufgabe 2:

Vorgang	Rechtsgrundlage § GewStG	Betrag in €
Gewinn		
+ Hinzurechnungen:		
- Kürzungen		
= Zwischensumme		
- Verlustvortrag aus Vorjahren		
= vorläufiger Gewerbeertrag		
abgerundet auf volle 100		
- Freibetrag		
= verbleibender vorläufiger Gewerbeertrag		
3,5 % von		
= Gewerbesteuer-Messbetrag		
× Hebesatz der Gemeinde		
= Gewerbesteuer		

7. Übung: „Umsatzsteuer"

Sie finden das Basiswissen zu dieser Übung im Lehrbuch „Steuerrecht", Kapitel 7. Die Lösungen finden Sie auf Seite 31.

Aufgabe 1

- Günther Ludwig betreibt in Lüneburg ein Lebensmittelgeschäft. Ludwig entnimmt laufend frische Lebensmittel für den privaten Bedarf aus dem Geschäft: für sich selbst, seine Ehefrau und seine Kinder. Im März 2009 hat er Lebensmittel im Einkaufswert von netto 1.750,00 € entnommen.
  Es ist davon auszugehen, dass sich der Ort der Lieferung und sonstigen Leistungen im Inland befindet. Die formalen Anforderungen an die Rechnungsausstellung sind als erfüllt anzusehen.

Beurteilen Sie unter Angabe der gesetzlichen Bestimmungen den vorgenannten Vorgang hinsichtlich seiner umsatzsteuerrechtlichen Auswirkung auf:

- Steuerbarkeit,
- Steuerpflicht-/ Steuerfreiheit,
- Bemessungsgrundlage (€),
- Steuersatz und Steuerbetrag (€),
- Vorsteuerabzug nur bei Leistungsbezügen (€).

....

....

....

....

....

Aufgabe 2

- Schreibwarenhändlerin Schulze in Heidelberg erwirbt im Januar 2009 für ihr Lager 200 Exklusiv-Kugelschreiber zu jeweils netto 75,00 €. Die ordnungsgemäße Rechnung des liefernden Unternehmers Knoll vom 29. Januar 2009 lautet über 15.000,00 € zzgl. 19 % Umsatzsteuer und wird von Schulze am 12. Februar 2009 bezahlt. Am 22. April 2009 verschenkt Schulze zehn der im Januar erworbenen Kugelschreiber an gute Kunden, um die Geschäftsbeziehung zu pflegen.

a) Wie wirkt sich der Erwerb der Kugelschreiber bei Schulze umsatzsteuerrechtlich aus? Bitte begründen Sie.

....

....

....

....

b) Welche umsatzsteuerlichen Konsequenzen hat die Übereignung der Kugelschreiber an Geschäftsfreunde im April 2009? Bitte begründen Sie.

....

....

....

....

....

Aufgabe 3

- Steuerberater Schön betreibt in Hamburg eine Steuerberatungspraxis und erzielt daraus Honorareinnahmen. Zusätzlich vermietet er Wohnungen in einem geerbten Wohnhaus an Privatleute und im Geschäftshaus Büro- und Lagerräume an andere Unternehmer in Hamburg. Selbst bewohnt er in Tangstedt ein eigenes Einfamilienhaus.

a) Ist Steuerberater Schön Unternehmer im Sinne des Umsatzsteuerrechts?

....

....

....

....

b) Welchen Umfang hat ggf. sein Unternehmen?

....

....

....

....

....

....

....

Aufgabe 4

- Teppichlegermeister Fritz eröffnet am 01.02.2009 in Husum einen Handwerksbetrieb. Er wird beim Finanzamt Husum unter der Steuernummer 123456789 geführt und berechnet seine Umsatzsteuer nach vereinbarten Entgelten (Sollversteuerung nach § 16 Abs. 1 UStG).

Für den Monat Februar 2009 ergeben sich aus der Buchführung des Firmeninhabers Fritz folgende Zahlen:

- Umsatzerlöse aus Handwerksleistungen (Soll) netto 25.000,00 €

- Erlöse aus Vermietung einer Wohnung im Betriebsgebäude an einen Arbeitnehmer 1.000,00 €

- Vorsteuern im Zusammenhang mit den Handwerksumsätzen 3.200,00 €

- Vorsteuern im Zusammenhang mit der Vermietung der Wohnung 30,00 €

Bitte begründen Sie, warum Fritz für das Jahr 2009 die Umsatzsteuer-Voranmeldung monatlich abgeben muss.

....

....

....

....

....

....

....

....

....

....

Lösungen zur 1. Übung

Aufgabe 1

Berger muss seine handelsrechtliche Buchführungspflicht lt. § 238 HGB auch für die Besteuerung lt. § 140 AO erfüllen.

Aufgabe 2

Zuständig sind jeweils:

a) das Lagefinanzamt in Soltau (§ 18 Abs. 1 Nr.1 AO),

b) das Lagefinanzamt in Soltau (§ 22 Abs. 1 AO),

c) das Wohnsitzfinanzamt in Soltau (§ 19 Abs. 1 AO),

d) das Unternehmensfinanzamt in Uetersen (§ 21 Abs. 1 AO),

e) das Betriebsfinanzamt in Uetersen (§ 22 Abs. 1 AO).

Aufgabe 3

a) Der Betriebsprüfungsbericht ist noch kein Verwaltungsakt, da hier noch keine Regelung erfolgt. Diese entsteht erst durch die berichtigten Steuerbescheide.

b) Der Einkommensteuerbescheid ist der typische Fall eines Verwaltungsaktes i.S. des § 118 Satz 1 AO.

c) Die Zustimmung auf Gewährung einer Buchführungserleichterung ist ein Verwaltungsakt, da das Finanzamt eine Entscheidung zur Regelung eines Einzelfalls mit einer unmittelbaren Rechtswirkung nach außen bewirkt (§ 118 Satz 1 AO).

d) Auch die Ablehnung der Stundung ist ein Verwaltungsakt, da das Finanzamt einen steuerlichen Einzelfall hoheitlich regelt (§ 118 Satz 1 AO).

Aufgabe 4

Ein Einspruch von Waltraut Schanz hätte *keine Aussicht auf Erfolg.*
Das Finanzamt würde den Einspruch als unzulässig verwerfen (§ 358 Satz 2 AO), denn Frau Schanz ist nicht beschwert i.S. des § 350 AO. Bei Steuerbescheiden tritt eine objektive Beschwer nur durch die Höhe der Steuer ein und nicht durch einzelne Besteuerungsgrundlagen. Die Einkommensteuer von Frau Schanz ist für das Jahr 2008 aber bei Berücksichtigung der Studienkosten als Sonderausgaben ebenso niedrig wie bei Abzug als Betriebsausgaben aus der freiberuflichen Tätigkeit.

Lösungen zur 2. Übung

Aufgabe 1

Da zwischen zwei Feststellungszeiträumen eine neue wirtschaftliche Einheit entstanden ist, erfolgt eine Nachfeststellung zum 01.01.2009 (§ 23 Abs. 1 BewG).

Aufgabe 2

a) Die allgemeinen Bewertungsvorschriften des Bewertungsgesetzes (BewG) sind nachrangig den Bewertungsvorschriften der Einzelsteuergesetze und gelten dann nicht (§ 1 Abs. 2 BewG), wenn nach den Einzelsteuergesetzen besondere Bewertungsvorschriften bestehen. In diesem Fall richtet sich die bilanzielle Bewertung nach dem Einkommensteuergesetz.

b) In der Steuerbilanz ist das Grundstück grundsätzlich zum 31.12.2008 mit den Anschaffungskosten von 220.000,00 € zu bewerten (§ 6 Abs. 1 Nr. 2 EStG).

Aufgabe 3

Verändern sich Werte zwischen zwei Hauptfeststellungen, so werden diese durch die Fortschreibung erfasst. Der Schaden ist also zum nächsten Feststellungszeitpunkt (01.01.2010) durch die Wertfortschreibung (§ 22 Abs. 1 BewG) – unter Umständen auch durch die Artfortschreibung (§ 22 Abs. 2 BewG) – zu berücksichtigen.

Aufgabe 4

a) Für die Grundsteuer ist der Einheitswert maßgebend. Der Einheitswert von 97.513 DM ist nach § 30 BewG auf volle 100 DM nach unten abzurunden (= 97.500 DM) und danach mit dem normalen Umrechnungsfaktor (1,95583 DM = 1,00 €) in Euro umzurechnen (= 49.850,96 €) und auf einen vollen Euro-Betrag abzurunden (= 49.850,00 €).

b) Für die Berechnung der Kürzung nach dem Gewerbesteuergesetz (§ 9 Nr.1 GewStG) ist der Einheitswert der Grundstücke und der Betriebsgrundstücke um 40 % aufzustocken (§ 121a BewG); also auf 69.790,00 € (49.850 × 140 %).

Lösungen zur 3. Übung

Aufgabe 1

a) Der *Gesamtbetrag der Einkünfte* (§ 2 Abs. 3 EStG) ist die Summe der sieben Einkunftsarten aus § 2 Abs. 1 EStG (Einkünfte aus Land- und Forstwirtschaft, Gewerbebetrieb, selbstständiger Arbeit, nichtselbstständiger Arbeit, Kapitalvermögen, Vermietung und Verpachtung und sonstige Einkünfte i.S. des § 22 EStG), vermindert um den Altersentlastungsbetrag (§ 24a EStG), den Entlastungsbetrag für Alleinerziehende (§ 24b EStG) und den Freibetrag für Land- und Forstwirte (§ 13 Abs. 3 EStG).

b) Das *Einkommen* (§ 2 Abs. 4 EStG) ist der Gesamtbetrag der Einkünfte, vermindert um den Verlustabzug (§ 10d EStG), die Sonderausgaben (§§ 10, 10b, 10c, 10e - 10i EStG) und die außergewöhnlichen Belastungen (§§ 33 – 33b EStG).

c) Das *zu versteuernde Einkommen* (§ 2 Abs. 5 EStG) ist das Einkommen vermindert um die Kinderfreibeträge (§ 32 Abs. 6 EStG) und um die sonstigen vom Einkommen abzuziehenden Beträge (Abs. Härteausgleich). Das zu versteuernde Einkommen bildet die Bemessungsgrundlage für die tarifliche Einkommensteuer.

Aufgabe 2

a) *Schuldner der Lohnsteuer* ist grundsätzlich der Arbeitnehmer (§ 38 Abs. 2 Satz 1 EStG). In den Fällen der Pauschalierung schuldet allerdings der Arbeitgeber die Lohnsteuer (§ 40 Abs. 3 Satz 2 EStG).

b) *Steuerzahler der Lohnsteuer* ist der Arbeitgeber, da der jeweilige Arbeitgeber zur Einbehaltung und Abführung der Lohnsteuer an das Finanzamt verpflichtet ist.

Aufgabe 3

a) Der *Freibetrag* beträgt bei

- natürlichen Personen sowie bei Personengesellschaften 24.500,00 € (§ 11 Abs. 1 Nr. 1 GewStG),
- bestimmten juristischen Personen des öffentlichen Rechts 5.000,00 € (ab EZ 2009) (§ 11 Abs. 1 Nr. 2 GewStG).

b) Die *Steuermesszahl* für den Gewerbeertrag betragt bei Gewerbebetrieben, die von natürlichen Personen, Personengesellschaften sowie bestimmten juristischen Personen des öffentlichen Rechts betrieben werden generell 3,5 % (§ 11 Abs. 2 GewStG).

Aufgabe 4

Die Umsatzsteuer ist eine indirekte Steuer, weil Steuerschuldner und Steuerträger nicht identisch sind. Steuerschuldner ist im Regelfall der Unternehmer (§ 13a Abs. 1 UStG). Steuerträger ist der End- bzw. Letztverbraucher, d.h. der Kunde.

Lösungen zur 4. Übung

Aufgabe 1

Arten der Gewinnermittlung:

- (Partieller) Betriebsvermögensvergleich nach § 4 Abs. 1 EStG
- (Vollständiger) Betriebsvermögensvergleich nach § 5 EStG
- Überschussrechnung der Betriebseinnahmen über die Betriebsausgaben nach § 4 Abs. 3 EStG
- Tonnagebesteuerung für Seeschifffahrtsunternehmen nach § 5a EStG
- Gewinnermittlung nach Durchschnittssätzen für Land- und Forstwirte nach § 13a EStG
- Gewinnermittlung nach Schätzung

Aufgabe 2

a) Bei der *Gewinnermittlung durch Überschussrechnung* nach § 4 Abs. 3 EStG ist im Januar 2009 (= Zeitpunkt der Vereinnahmung, § 11 Abs. 1 Satz 1 EStG) eine Betriebseinnahme in Höhe von 15.470,00 € zu erfassen. Die Sonderregelung des § 11 Abs. 1 Satz 2 EStG ist nicht anzuwenden, da das Honorar keine regelmäßig wiederkehrende Betriebseinnahme ist. Im Zeitpunkt der Umsatzsteuer-Abführung an das Finanzamt (bei mtl. Voranmeldung im Februar 2008) ergibt sich eine Betriebsausgabe in Höhe von 2.470,00 €. Insgesamt ergibt sich für 2009 also eine Gewinnerhöhung von 13.000,00 €.

b) Bei der *Gewinnermittlung durch Bestandsvergleich* (Betriebsvermögensvergleich) nach § 4 Abs. 1 EStG erhöht sich der Gewinn 2008 um 13.000,00 €, weil Richter zum 31.12.08 eine Honorarforderung von 15.470,00 € und eine Umsatzsteuer-Verbindlichkeit von 2.470,00 € zu erfassen hat.

Aufgabe 3

Trapp muss die 10 Blusen zum 31.12.2010 handelsrechtlich mit dem voraussichtlich dauernden niedrigeren Teilwert von 250,00 € bewerten, § 253 III HGB.
Das handelsrechtliche Gebot zur außerplanmäßigen Abschreibung auf den gemeinen Wert bei voraussichtlich dauernder Wertminderung ist nicht maßgebend für die Steuerbilanz, da § 6 Abs. 1 Nr. 1 S. 2 und Nr. 2 S. 2 EStG den Ansatz des Teilwerts nicht vorschreibt, sondern nur wahlweise zulässt.

Aufgabe 4

a) Die Geschenkaufwendungen sind Betriebsausgaben, da sie durch den Betrieb veranlasst wurden (§ 4 Abs. 4 EStG).

b) Die Betriebsausgaben sind nach § 4 Abs. 5 Nr.1 EStG vom Abzug ausgeschlossen, da sie mit insgesamt 40,00 € die Grenze von 35,00 € pro Jahr und Empfänger überschreiten und keinen Arbeitnehmer von Schneider betreffen.

Lösungen zur 5. Übung

Aufgabe 1

Vom laufenden Arbeitslohn abzugrenzen sind die sonstigen Bezüge (§ 38a Abs. 1 EStG). Dazu gehören Sonderzahlungen wie Abs. 13. oder 14. Monatsgehalt, Weihnachtsgeld, nicht fortlaufend gezahlte Gratifikationen und Tantiemen.

Aufgabe 2

a) Da Frau Scholz mit ihrem Kind in ihrer Hauptwohnung in Hausgemeinschaft lebt, sie ledig ist und ihr der Entlastungsbetrag für Alleinerziehende nach § 24b EStG zusteht (§ 38b Nr.2 EStG), kommt für sie die Lohnsteuerklasse II in Frage.

b) Die Änderung der Eintragung der Lohnsteuerklasse II kann Frau Scholz bei ihrer zuständigen Gemeinde bis zum 30. November 2009 beantragen (§ 39 Abs. 5 EStG).

Aufgabe 3

Gemäß § 41a Abs. 2 EStG ist für Franz im Jahre 2009 der maßgebende Lohnsteuer-Anmeldungszeitraum das Kalendervierteljahr (abzuführende Lohnsteuer für das vergangene Kalenderjahr von mehr als 1.00,00 €, aber nicht mehr als 4.000,00 €). Da die Betriebsstätte nicht das ganze vorangegangene Kalenderjahr bestanden hat, ist die für das vorangegangene Kalenderjahr abzuführende Lohnsteuer für die Feststellung des Lohnsteuer-Anmeldezeitraums auf einen Jahresbetrag umzurechnen (375,00 € für zwei Monate × 6 = 2.250,00 €).

Aufgabe 4

Bei Beendigung des Dienstverhältnisses muss Lehmann das Lohnkonto des Gesellen Meier abschließen (§ 41b Abs. 1 Satz 1 EStG). Außerdem muss er die Lohnsteuer-Bescheinigung für Meier grundsätzlich elektronisch, spätestens bis zum 28. Februar 2009, an die Finanzverwaltung erteilen (§ 41b Abs. 1 Satz 2 EStG). Schließlich muss Lehmann die Lohnsteuer-Bescheinigung an den Arbeitnehmer Meier als Ausdruck aushändigen oder sie ihm elektronisch bereitstellen (§ 41b Abs. 1 Satz 3 und Abs. 3 Satz 3 EStG).

Lösungen zur 6. Übung

Aufgabe 1

Gewerbesteuer-Vorauszahlungen sind nach § 19 Abs. 1 GewStG jeweils am 15. Februar, 15. Mai, 15. August und 15. November zu entrichten. Jede Vorauszahlung beträgt grundsätzlich ein Viertel der Steuer(-schuld), die sich bei der letzten Veranlagung ergeben hat (§ 19 Abs. 2 GewStG).

Aufgabe 2

a) und b)

Vorgang	Rechtsgrundlage § GewStG	Betrag in €
Gewinn	§ 7 GewStG	55.300,00 €
+ Hinzurechnungen: **Ermittlung der Finanzierungsaufwendungen:** Kontokorrentzinsen: 30.000,00 € + Darlehenszinsen: 42.000,00 € = Summe Finanzierungsaufwendungen: 72.000,00 € ./. Freibetrag: 100.000,00 € = **verbleibt: 0,00 €**	§ 8 Nr. 1a-f GewStG	0,00 €
- Kürzungen 1,2 % des Einheitswertes des Betriebsgrunstücks 1,2 % von (25.000 × 140 %) = 1,2 % von 35.000,00 €	§ 9 Nr. 1 GewStG	- 420,00 €
= Zwischensumme		54.880,00 €
- Verlustvortrag aus Vorjahren		- 8.944,00 €
= vorläufiger Gewerbeertrag		45.936,00 €
abgerundet auf volle 100	§ 11 Abs. 1 GewStG	45.900,00 €
- Freibetrag	kein Abzug, da nicht § 11 Abs. 1 Nr. 1 und Nr. 2 GewStG	
= verbleibender vorläufiger Gewerbeertrag		45.900,00 €
3,5 % von 45.900,00 €	§ 11 Abs. 2 Nr. 2 GewStG	1.606,00 €
= Gewerbesteuer-Messbetrag	§ 14 GewStG	14.295,00 €
× Hebesatz der Gemeinde	§ 16 GewStG	360 %
= Gewerbesteuer		5.781,00 €

Lösungen zur 7. Übung

Aufgabe 1

Ludwig hat steuerbare Lieferungen gem. § 1 Abs. 1 Nr.1 UStG ausgeführt. Die Entnahme der Lebensmittel steht einer Lieferung gegen Entgelt gleich (§ 3 Abs. 1b Nr.1 UStG).
Auch sind die Lieferungen mangels Befreiung (§ 4 UStG) steuerpflichtig.
Die Bemessungsgrundlage ist der Einkaufspreis der Lebensmittel, d.h. ohne Umsatzsteuer (= 1.750,00 €; § 10 Abs. 4 Nr. 1 UStG).
Der Steuersatz beträgt 7 % (Steuerbetrag = 122,50 €; § 12 Abs. 2 Nr.1 UStG in Verbindung mit der Anlage zum UStG).

Aufgabe 2

a) Der Erwerb der Kugelschreiber führt bei Schulze zum Vorsteuerabzug in Höhe von 2.850,00 € (19% von 15.000,00 €) gem. § 15 Abs. 1 Nr. 1 UStG.
Begründung: Schulze hat die Kugelschreiber von einem anderen Unternehmer für ihr Unternehmen erworben; die Umsatzsteuer wurde gesondert ausgewiesen. Der Vorsteuerabzug tritt für Januar 2009 ein, da im Januar die Lieferung bewirkt wurde und die Rechnung vorlag; der Zeitpunkt der Zahlung ist hier nicht relevant.

b) Im April 2009 führt die Schenkung von 10 Kugelschreibern an Geschäftsfreunde einkommenssteuerlich zu nichtabzugsfähigen Betriebsausgaben gem. § 4 Abs. 5 Nr.1 EStG, da die Anschaffungskosten jedes Kugelschreibers 35,00 € überstiegen haben. Umsatzsteuerlich sind die auf die nichtabzugsfähigen Betriebsausgaben entfallenden Vorsteuerbeträge ebenfalls nicht abziehbar (§ 15 Abs. 1a Nr.1 UStG). Deshalb erfolgt im April 2009 eine Korrektur des Vorsteuerabzugs um 142,50 € (= 19 % von 750,00 €; § 17 Abs. 2 Nr.5 UStG).

Aufgabe 3

a) Schön ist Unternehmer gem. § 2 Abs. 1 Satz 1 und 3 UStG, weil er selbstständig tätig ist und dabei nachhaltig Einnahmen erzielt.

b) Das Unternehmen erfasst die gesamte gewerbliche oder berufliche (auf Einnahmenerzielung gerichtete) Tätigkeit des Unternehmers (§ 2 Abs. 1 Satz2 UStG). Dazu gehören die Steuerberatungspraxis, die Vermietung der Wohnungen und die Vermietung der Büro- und Lagerräume.
Nicht dazu gehört das Einfamilienhaus, da es nicht der Einnahmeerzielung dient.

Aufgabe 4

Fritz muss für 2009 monatlich Umsatzsteuer-Voranmeldungen abgeben, da er seine gewerbliche Tätigkeit erst im Jahre 2009 aufgenommen hat und der Voranmeldungszeitraum im Kalenderjahr der Aufnahme der Tätigkeit und im folgenden Kalenderjahr der Kalendermonat ist (§ 18 Abs. 2 Satz 4 UStG).

2

Musterklausuren

Das Bearbeiten von Musterklausuren ist nicht nur für zukünftige Prüfungsteilnehmer interessant, sondern bietet die Möglichkeit, anhand von Fragen und Aufgaben den kompletten Kursinhalt zu wiederholen.

Inhalt

- 1. Musterklausur
- 2. Musterklausur
- 3. Musterklausur

- Lösungen zur 1. Musterklausur
- Lösungen zur 2. Musterklausur
- Lösungen zur 3. Musterklausur

1. Musterklausur

I. Abgabenordnung

Aufgabe1 (6 Punkte)

Erwin Maier besitzt in Mosbach, Rabestraße 6, ein Vier-Familienhaus, welches er teils eigen nutzt und teilweise vermietet.
Am 05. Januar diesen Jahres erhält E. Maier einen Bescheid mit der Aufforderung zur Zahlung von Grundsteuer und Müllabfuhr. Ferner erhält er mit gleichem Datum einen Bescheid, in dem er aufgefordert wird, als Hausbesitzer einen Anteil zum Neubau einer Kläranlage zu entrichten.
Um welche Art von Abgaben handelt es sich bei den angeforderten Beträgen?
Begründen Sie Ihre Antwort.

a) Grundsteuer

....

....

....

....

b) Müllabfuhr

....

....

....

....

c) Anteil Kläranlage

....

....

....

....

Aufgabe 2 (4 Punkte)

Der Steuerpflichtige Ernst Neumann begleicht seine am 10. Februar 2009 fällige Einkommensteuernachzahlung in Höhe von 3.762,00 € erst am 17. März 2009 per Scheck, den er persönlich im Finanzamt abgibt.

a) Welchen Zuschlag wird das Finanzamt erheben?

....

....

....

....

b) Bitte berechnen Sie den Zuschlag.

....

....

....

....

Aufgabe 3 (8 Punkte)

Die ledige Anna Franz aus München erhält am 12.01.2008 ihren Einkommensteuerbescheid für das Jahr 2006, welcher am 11.01.2008 durch das Finanzamt zur Post gegeben wurde. Wegen einer nicht unerheblichen Abweichung bei den Werbungskosten schreibt Sie Folgendes an das Finanzamt:
„... lege ich wegen der Abweichung in den Werbungskosten Widerspruch gegen den Einkommensteuerbescheid vom 12.01.2008 ein..." (Auszug aus dem Schreiben)
Das Schreiben will sie am 19.01.2008 zur Post geben. Auf dem Weg dorthin verunglückt sie und wird schwer verletzt in ein Krankenhaus eingeliefert.
Ihr Zustand hat sich erst am 15.02.2008 soweit gebessert, dass sie sich wieder um ihre steuerlichen Angelegenheiten kümmern kann.

KALENDER 2008																
	Januar					**Februar**					**März**					
Mo		7	14	21	28		4	11	18	25		3	10	17	24	31
Di	**1**	8	15	22	29		5	12	19	26		4	11	18	25	
Mi	2	9	16	23	30		6	13	20	27		5	12	19	26	
Do	3	10	17	24	31		7	14	21	28		6	13	20	27	
Fr	4	11	18	25		1	8	15	22	29		7	14	21	28	
Sa	5	12	19	26		2	9	16	23		1	8	15	22	29	
So	**6**	**13**	**20**	**27**		**3**	**10**	**17**	**24**		**2**	**9**	**16**	**23**	**30**	
Wo	**1**	**2**	**3**	**4**	**5**	**5**	**6**	**7**	**8**	**9**	**9**	**10**	**11**	**12**	**13**	**14**

a) Wann wurde der Bescheid bekannt gegeben? Bitte begründen Sie Ihre Antwort.

b) Berechnen Sie die Rechtsbehelfsfrist ohne Berücksichtigung des Unfalls.

c) Falls die Rechtsbehelfsfrist am 17.02.2009 nach Berechnung in b) abgelaufen sein sollte, prüfen Sie bitte, ob und ggf. bis zu welchem Zeitpunkt es für Frau Franz möglich ist, noch etwas gegen den Einkommensteuerbescheid zu unternehmen. Bitte begründen Sie Ihre Auffassung unter Angabe der gesetzlichen Grundlagen.

d) Wie ist die Bezeichnung „Widerspruch" für den Rechtsbehelf zu bewerten? Bitte begründen Sie unter Angabe der einschlägigen Gesetzesvorschrift.

II. Bewertungsgesetz/Einheitsbewertung

Aufgabe 4 (3 Punkte)

a) In welchen Zeitabständen werden Hauptfeststellungen durchgeführt?

b) Was wird bei der Hauptfeststellung festgestellt? Welche Verhältnisse werden dabei zu Grunde gelegt?

III. Umsatzsteuer

Bernd Baumann betreibt als Einzelunternehmer in Koblenz in der Hafenstr. 20 ein Fahrradgeschäft mit Werkstatt in eigenen Räumen. Ferner vermietet er im Gebäude Hafenstr. 20 mehrere Büros und Wohnungen.
Herr Baumann unterliegt der Regelbesteuerung. Bei innergemeinschaftlichen Lieferungen und Erwerben verwendet er seine deutsche USt-IDNummer. Auf Steuerbefreiungen hat Herr Baumann – soweit möglich und sinnvoll – verzichtet.
Soweit in den einzelnen Textziffern keine gegenteilige Aussage getroffen wird, gelten alle erforderlichen Buch- und Belegnachweise als erbracht.

Aufgabe 5 (3 Punkte)

Nehmen Sie Stellung zur Unternehmereigenschaft des Herrn Baumann und zum Umfang seines Unternehmens.

Aufgabe 6 (18 Punkte)

Beurteilen Sie die folgenden Geschäftsfälle und tragen Sie die Lösung (Art und Ort mit Angabe der einschlägigen Rechtsvorschriften sowie die Bemessungsgrundlage des Umsatzes) in das Lösungsschema auf Seite 40 ein.

a) Bruttoeinnahmen aus dem Verkauf von Fahrrädern im Geschäft 5.355,00 € inkl. 19 % USt)

b) Bruttoeinnahmen aus Reparaturen 7.735,00 € (inkl. 19% USt)

c) Zum Geburtstag schenkt Herr Baumann seiner Tochter ein neues Fahrrad, das er aus seinem Warenlager entnimmt. Aus den Belegen ist ersichtlich, dass das Fahrrad im Januar für 750,00 € zuzüglich 19% Umsatzsteuer eingekauft wurde. Der Nettolistenpreis ist zum Entnahmezeitpunkt unverändert. Zu diesem Zeitpunkt verkauft Herr Baumann das Fahrrad im Geschäft für 1.547,00 €.

d) Am 09.02.2009 erhält Herr Baumann acht Fahrräder, die er bei einem niederländischen Großhändler gekauft hat. Die Rechnung ist vollständig im Sinne des UStG und beläuft sich auf 8.400,00 €.

....

....

....

....

....

....

e) Herr Baumann erwirbt am 15.01.2009 einen PKW, den er auch für private Zwecke nutzt. Er führt ein ordnungsgemäßes Fahrtenbuch. Diesem ist folgendes zu entnehmen:

- in 2009 insgesamt gefahrene Kilometer: 32.000 km
- davon privat gefahren: 8.000 km

Fahrten zwischen Wohnung und Arbeitsstätte sind nicht angefallen, da Herr Baumann im Nachbarhaus wohnt.

Lt. Finanzbuchführung sind für den PKW folgende Kosten angefallen:
Nettokosten mit Vorsteuerabzug (inkl. AfA) 16.000,00 €
Kosten ohne Vorsteuerabzug 1.000,00 €

....

....

....

....

f) Herrn Baumann gehört das Haus in der Hafenstraße 20, in dem sich auch das Fahrradgeschäft befindet. Er hat – soweit möglich – zur Umsatzsteuerpflicht optiert. Das Haus wird wie folgt genutzt:

Geschoss:	Nutzungsart:	tatsächliche Mieteinnahmen p.a.:
Erdgeschoss: Fläche: 160 qm	eigenes Fahrradgeschäft des Herrn Baumann	10.800,00 € (fiktiver Mehrwert)
1. Obergeschoss Fläche: 110 qm	vermietet an Dr. Antes als Zahnarztpraxis	9.758,00 €
2. Obergeschoss Fläche: 110 qm	vermietet an den Steuerberater Dr. Schultze	9.758,00 €
Dachgeschoss Fläche: 70 qm	vermietet an Frau Heiliger als Wohnung	6.800,00 €

Lösungsschema:

TZ	Art des Umsatzes	Ort des Umsatzes	nicht steuerbar	steuerbar im Inland	steuerfrei im Inland €	steuerpflichtig im Inland zu 19%
a)						
b)						
c)						
d)						
e)						
f) EG						
f) 1.OG						
f) 2. OG						
f) DG						

Aufgabe 7 (11 Punkte)

Beurteilen Sie die folgenden Geschäftsfälle hinsichtlich des Vorsteuerabzuges und begründen Sie. Berechnen Sie die Höhe der abziehbaren und nicht abziehbaren Vorsteuerbeträge.
Für Instandhaltungen des Gebäudes in der Hafenstraße 20 sind in 2009 folgende Rechnungen von den Handwerkern gestellt worden

Reparatur Wasserleitung im Fahrradgeschäft	950,00 €
Elektroinstallation in der Arztpraxis	1.300,00 €
Rollladenreparatur in der Steuerberaterpraxis	275,00 €
neues Dachfenster in der Wohnung	870,00 €
Einbau einer neuen Zentralheizung	14.300,00 €

Alle Beträge stellen Bruttobeträge (inkl. 19% USt) dar. Die Rechnungen entsprechen allen Erfordernissen zur Vorsteuerabzugsberechtigung.

Lösungsschema:

Vorfall	Vorsteuer gesamt in €	davon abziehbar in €	davon nicht abziehbar in €
Wasserleitung			
Elektroinstallation			
Rollladen			
Dachfenster			
Heizung			
Summen			

Begründung:

....

....

....

....

....

....

....

....

....

....

....

....

....

....

....

IV. Lohnsteuer

Aufgabe 8 (2 Punkte)

Der seit mehreren Jahren beschäftigte Arbeitnehmer Heinz Heizer legt seinem Arbeitgeber trotz Aufforderung die Lohnsteuerkarte 2009 nicht bis zum 20.01.2009 (Tag der Lohnabrechnung beim Arbeitgeber) vor. Zu seiner Entschuldigung führt Heizer an, dass er die Lohnsteuerkarte zwecks Eintragung eines Freibetrages an das Finanzamt geschickt habe. Auf der Lohnsteuerkarte des Vorjahres hatte Heizer Steuerklasse III /-,-/rk. eingetragen.
Mit welcher Steuerklasse muss/darf der Arbeitgeber die Lohnsteuer vom Lohn Heizers einbehalten?
Bitte begründen Sie.

....

....

....

....

....

....

....

Aufgabe 9 (5 Punkte)

Prüfen Sie bitte, ob in folgenden Fällen eine Pauschalierung der Lohnsteuer möglich ist. Tragen Sie Ihre Lösung bitte unter Angabe der genauen gesetzlichen Regelung in die Tabelle ein und geben Sie die Höhe des Pauschsteuersatzes an, soweit dieser eindeutig im Gesetz genannt ist. Falls der Steuersatz nicht explizit genannt ist, vermerken Sie bitte „individuell“.

Vorgang	Pauschalisierung ja/nein	gesetzliche Regelung	Lohnsteuer %-Satz
Der Arbeitgeber zahlt den Arbeitnehmern für seine Fahrten zwischen Wohnung und Arbeitsstätte mit dem Privat-Pkw je Entfernungskilometer 0,25 €.			
Der Arbeitgeber zahlt jedem seiner 100 Beschäftigten anlässlich des Firmenjubiläums eine Prämie in Höhe von 750,00 €.			
Der Arbeitgeber zahlt einem Arbeitnehmer eine Prämie für einen Verbesserungsvorschlag.			
Eine Hausfrau hilft an Ostern immer für 2 Wochen 5 Stunden täglich im Verkauf und verdient dabei 10,00 € je Stunde. Eine weitere Beschäftigung übt sie nicht aus.			

V. Gewerbesteuer

Aufgabe 10 (16 Punkte)

Die NoLösch GmbH in Sundern beschäftigt sich mit der Herstellung von Werkzeugen. In der vorläufigen Bilanz zum 31.12.2008 weist sie einen Gewinn in Höhe von 120.923,00 € aus. Seit dem Jahr 2002 produziert die Firma in eigenen Räumen. Der zum letzten Hauptfeststellungszeitpunkt festgestellte Einheitswert beträgt 150.000,00 €.
Zur Finanzierung des Produktionsgebäudes wurde ein langfristiges Darlehen aufgenommen. Für dieses wurden in 2008 65.600,00 € Zinsen gebucht. Für den Fuhrpark zahlte die Firma in 2008 Leasingsraten in Höhe von 45.000,00 €.
Aus den Vorjahren, in denen der Betrieb nicht gut lief, steht noch ein rechtskräftig festgestellter Verlustvortrag in Höhe von 16.274,00 €.
Der Hebesatz für die Gewerbesteuer beträgt in Sundern 375 %.

Bitte berechnen Sie die Gewerbesteuerschuld 2008. Ergänzen Sie bitte die entsprechenden Rechtsgrundlagen, sofern dies gefordert wird.
Benutzen Sie dazu das Lösungsschema. Nicht auszufüllende Rechtsgrundlagenfelder sind geschwärzt.

Lösungsschema:

Vorgang	Rechtsgrundlage §	€-Betrag
Gewinn vor Rückstellung		
Hinzurechnungen:		
Kürzungen:		
Zwischensumme		
./. Verlustvortrag aus Vorjahren		
Zwischensumme		
abgerundet		
./. Freibetrag		
vorläufiger Gewerbeertrag		
3,5 % von		
GewSt-Messbetrag		
× Hebesatz		
= Gewerbesteuer		

VI. Einkommensteuer

Aufgabe 11 (4 Punkte)

Ernst Ehinger ist seit 1987 mit 4.000,00 € an der MARKS GmbH in Nürnberg beteiligt. Das gezeichnete Kapital der Gesellschaft beträgt 40.000,00 €.
Am 01.02.2009 verkauft er seine Anteile zum Preis von 5.000,00 €.
Ist die Differenz von 1.000,00 € einer Einkunftsart zuzuordnen? Wenn ja, welcher Einkunftsart unterliegt dieser Mehrerlös? Bitte begründen Sie Ihre Antwort.

....

....

....

....

....

....

....

....

Aufgabe 12 (4 Punkte)

Hans Mahler betreibt ab dem 01.01.2009 in Magdeburg nebenberuflich einen Hausmeisterservice. Seinen Gewinn möchte er gem. § 4 Abs. 3 EStG ermitteln.

a) Welche Voraussetzungen hinsichtlich der Buchführung muss er erfüllen, dass er diese Art der Gewinnermittlung vornehmen darf?

b) Wie wird der Gewinn bei einer Gewinnermittlung gem. § 4 Abs. 3 EStG ermittelt?

Aufgabe 13 (14 Punkte)

Hermann Welke möchte gerne von Ihnen wissen, ob er die folgenden Betriebsausgaben aus einkommensteuerrechtlicher Sicht in 2009 steuermindernd geltend machen darf. Ergänzen Sie bitte in nebenstehender Tabelle, ob und gegebenenfalls in welcher Höhe ein Betriebsausgabenabzug möglich ist. Nennen Sie dabei bitte die genaue Rechtsgrundlage.

Aufgabe:	Abziehbar ja/nein/teils Höhe in €	Rechtsgrundlage §§
In den Jahren 1997 bis 2000 hat Welke betriebliche Steuern hinterzogen. Nach Entdeckung durch die Finanzbehörde zahlt er diese nach und muss zusätzlich Hinterziehungszinsen in Höhe von 2.500,00 € an die Finanzkasse abführen.		
Für eine eintägige Dienstreise, die 12 Stunden dauert, möchte er 30,00 € als Verpflegungspauschale abziehen.		
Pro Reisetag möchte er bei mehrtägigen Reisen (Abwesenheit 24 Stunden) 50,00 € als Verpflegungspauschale auszahlen.		
An Weihnachten beschenkt er seine treuen Kunden. Je Kunde beträgt der Wert des Geschenks 32,70 €. Eine Liste der Beschenkten liegt vor. Weitere Geschenke werden nicht getätigt.		
Welke leistet eine Spende an die CDU in Höhe von 2.000,00 €, die er als Betriebsausgabe geltend machen möchte.		
Für die Bewirtung von Geschäftspartnern werden insgesamt 2.500,00 € aufgewendet.		
Im Außendienst wird Welke mehrfach wegen zu schnellen Fahrens und Falschparkens verwarnt. An Strafzetteln kommen insgesamt 1.800,00 € zusammen.		

Aufgabe 14 (2 Punkte)

Anton Meise möchte ein Großhandelsunternehmen kaufen. Neben einem Kaufpreis für das Anlagevermögen und den Warenbestand verlangt der Verkäufer ein zusätzliches Entgelt für die alten Kundenbeziehungen und das so genannte „Goodwill".
Wie würden Sie dieses „Goodwill" bezeichnen und über welchen Zeitraum würden Sie es abschreiben?

2. Musterklausur

I. Abgabenordnung

Aufgabe 1 (16 Punkte)

Notar Hermann Wilke, wohnhaft und steuerlich geführt in Burg auf Fehmarn, wurde vom Finanzamt aufgefordert, seine Einkommensteuererklärung für das Kalenderjahr 2006 bis zum 31.10.2007 einzureichen.

Auf mehrfache Erinnerungen und die Androhung von Zwangsgeld hat Herr Wilke nicht reagiert. Am 25.01.2008 erhält er einen Bescheid (Aufgabe zur Post: Mittwoch, 23.01.2008) über die Festsetzung von Zwangsgeld zur Abgabe der Einkommensteuererklärung in Höhe von 300,00 €; zu zahlen bis zum 15.02.2008.

Gegen die Festsetzung des Zwangsgeldes legt Notar Wilke Widerspruch ein. Dieser Widerspruch geht beim Finanzamt am 03.03.2008 ein.

Beantworten Sie bitte die folgenden Fragen und geben Sie immer die Rechtsgrundlage an.

a) Bis zu welchem Termin hätte Notar Wilke, der steuerlich nicht betreut wird, seine Einkommensteuererklärung 2006 abgeben müssen?

....

....

b) Hätte Wilke den gesetzlich festgelegten Termin zur Abgabe seiner Einkommensteuererklärung verlängern können?

....

....

c) Stellt der Bescheid über die Festsetzung des Zwangsgeldes einen Verwaltungsakt im Sinne der Abgabenordnung dar?

....

....

d) Um welche Abgabenart handelt es sich bei dem Zwangsgeld?

....

....

e) Welcher Rechtsbehelf ist gegen die Festsetzung des Zwangsgeldes statthaft?

....

....

f) Herr Wilke hat gegen die Festsetzung des Zwangsgeldes Widerspruch eingelegt: Ist eine unzutreffende Bezeichnung des Rechtsbehelfs schädlich?

....

....

....

g) Herr Wilke hat gegen die Festsetzung des Zwangsgeldes einen Rechtsbehelf eingelegt: Wird die Zahlung des Zwangsgeldes damit automatisch ausgesetzt? Hätte Herr Wilke für die Aussetzung des Zwangsgeldes möglicherweise einen weiteren Antrag stellen müssen?

....

....

h) Hat Notar Wilke den Rechtsbehelf gegen den Zwangsgeldbescheid fristgerecht eingereicht? Wann gilt der Bescheid als zugestellt und wann endet die Einspruchsfrist? Stellen Sie zur Begründung Ihrer Antworten die einzelnen Schritte der Fristenberechnung dar.

....

....

....

....

....

....

....

II. Bewertungsgesetz/Einheitsbewertung

Aufgabe 2 (6 Punkte)

Der steuerpflichtige Wolfgang Brauner, wohnhaft in Bentfeld, ist Eigentümer folgender wirtschaftlicher Einheiten:
- Bauernhof in Bentfeld,
- Mietwohngrundstück in Lübeck,
- Ferienhaus auf Teneriffa,
- Gastwirtschaft auf eigenem Grundstück in Bentfeld.

a) Für welche der vorgenannten wirtschaftlichen Einheiten sind Einheitswerte festzustellen und für welche nicht? Bitte begründen Sie Ihre Antwort unter Angabe der gesetzlichen Grundlage.

b) Welche der Einheitswerte wirken sich gewerbesteuerlich aus? Wo ist dies geregelt?

III. Umsatzsteuer

Klaus Weber betreibt in Büsum ein Möbelgeschäft einschließlich einer Polsterei. Nebenbei erstellt er auf Honorarbasis Gutachten für antike Möbel.
Als Besitzer dreier Ferienwohnungen auf der Insel Föhr erzielt er während des ganzen Jahres Einkünfte aus deren Vermietung. Weitere Mieteinnahmen erzielt er aus der Vermietung seines Elternhauses, das er zu Wohnzwecken an eine Familie vermietet hat. Er selbst wohnt in einem Einfamilienhaus in St. Peter-Ording.
Klaus Weber unterliegt der Regelbesteuerung.

Soweit in den einzelnen Textziffern keine gegenteilige Aussage getroffen wird, gelten alle erforderlichen Buch- und Belegnachweise als erbracht. Umsatzsteueridentifikationsnummern liegen soweit erforderlich vor.

Aufgabe 3 (3 Punkte)

Beurteilen Sie die unternehmerische Tätigkeit des Klaus Weber im umsatzsteuerrechtlichen Sinne, bezogen auf das Möbelgeschäft, die Polsterei, die Gutachtertätigkeit sowie die Vermietung der Ferienhäuser und des Elternhauses.

Aufgabe 4 (15 Punkte)

Geben Sie in den folgenden Sachverhalten an, ob es sich für Klaus Weber um steuerbare, steuerpflichtige, steuerfreie oder nicht steuerbare Umsätze handelt. Begründen Sie Ihre Antworten unter Angabe der einschlägigen Gesetzesvorschriften.

a) Klaus Weber erhält aus Spanien Korbmöbel zum Wiederverkauf.

....

....

....

....

....

....

b) Klaus Weber liefert Möbel an eine Privatperson in die Schweiz.

....

....

....

....

....

c) Bei der Auslieferung von Möbeln verursacht Klaus Weber einen Schaden. Er macht diesen Schaden gegenüber der Versicherung geltend und erhält 1.000,00 €.

....

....

....

....

d) Klaus Weber erstellt die Nebenkostenabrechnung für die Mieter seines Elternhauses. Die Mieter erhalten eine Nachzahlung für den Stromverbrauch in Höhe von 120,00 €, für den Wasserverbrauch 80,00 € und für Abwassergebühren 90,00 € in Rechnung gestellt.

....

....

....

....

e) Klaus Weber erstellt ein Gutachten für eine alte Vitrine aus dem 18. Jahrhundert. Er berechnet hierfür pauschal 1.000,00 €.

....

....

....

....

Aufgabe 5 (6 Punkte)

Wie sind die beiden nächsten Geschäftsfälle umsatzsteuerlich zu behandeln? Bitte nennen Sie die gesetzliche Grundlage.

a) Klaus Weber ist leidenschaftlicher Sammler alter Bücher. Für diese entnimmt er seinem Warenlager ein neues Regal, welches er von einem Mitarbeiter in seiner Wohnung aufbauen lässt. Die Regalwand hat im Einkauf 2.000,00 € netto inklusive aller Nebenkosten und Aufbau gekostet. Verkaufen würde er sie für 5.600,00 €.

....

....

....

....

....

....

b) Des Weiteren entnimmt er für seine Ferienhäuser drei neue Schlafzimmer. Diese haben im Einkauf insgesamt 9.000,00 € netto gekostet. Die Verkaufspreise für die Schlafzimmer hätten insgesamt 18.000,00 € betragen.

....

....

....

Aufgabe 6 (2 Punkte)

Der Fabrikant Andresen hat im Februar 2009 seinen Betrieb eröffnet. Er berechnet seine Umsatzsteuer nach vereinbarten Entgelten (Sollversteuerung nach § 16 Abs.1 UStG). Im Mai berechnet er eine Zahllast in Höhe von 510,00 €.

In welchen Voranmeldezeiträumen hat Fabrikant Andresen seine Umsatzsteuer-Voranmeldungen in 2009 abzugeben?

IV. Lohnsteuer

Aufgabe 7 (8 Punkte)

Thomas Berndt hat zum 1. Mai 2009 ein Architekturbüro eröffnet. Er beschäftigt eine Sekretärin in Vollzeit, eine Reinigungshilfe in Teilzeit und einen Studenten mit einer wöchentlichen Arbeitzeit von 16 Stunden. Im Juli hat er folgende Steuerabzugsbeträge einbehalten: Lohnsteuer 210,00 € und Solidaritätszuschlag 11,55 €.

a) Wann muss Thomas Berndt die an das Finanzamt anzumeldenden und abzuführenden Steuerabzugsbeträge einbehalten?

b) Was gilt grundsätzlich als Lohnsteuer-Anmeldungszeitraum? Welche unterschiedlichen Lohnsteuer-Anmeldezeiträume gibt es? Nennen Sie bitte die gesetzlichen Grundlagen.

c) Bis wann muss Thomas Berndt für den ersten Lohnsteuer-Anmeldungszeitraum des Jahres 2009 die Lohnsteuer-Anmeldung abgeben und den Gesamtbetrag abführen?

V. Gewerbesteuer

Aufgabe 8 (16 Punkte)

Horst Haller betreibt in Neustadt ein Hotel auf eigenem Grund und Boden.
In seinem vorläufigen Jahresabschluss zum 31.12.2008 weist er einen Gewinn in Höhe von 950.715,00 € aus; als Gewerbesteuervorauszahlungen wurden 44.000,00 € Gewinn mindernd gebucht.
Den Einheitswert für das Geschäftsgrundstück hatte das Finanzamt zum letzten Hauptfeststellungszeitpunkt 01.01.1978 auf 776.500 DM (= 397.018,00 €) festgestellt. Da Haller das Hotelgebäude in 2007 erweitert hat, wird der Einheitswert zum Stichtag 01.01.2009 nach § 22 BewG auf 930.800 DM (= 475.910,00 €) fortgeschrieben.
Zur Finanzierung der Hotelerweiterung hat Haller am 01.10.2008 ein Hypothekendarlehen über 1.500.000,00 € aufgenommen, welches mit 6 % p.a. verzinst wird. Für dieses Darlehen wurden in 2008 Zinsen in Höhe von 22.500,00 € gebucht.
Im Rahmen des Erwerbs des Betriebes musste Haller eine dauernde Last gegenüber einem deutschen Privatier übernehmen In 2008 haben 100.000,00 € für diese dauernde Last den Gewinn gemindert. Haller hat weiter die EDV-Anlage geleast, die gesamten Leasingraten 2008 betrugen 15.000,00 €.
Haller hatte, um sein Betriebskapital aufzustocken, vor Jahren einen stillen Teilhaber aufgenommen. Diesem stillen Gesellschafter hat er für 2008 48.000,00 € Gewinnanteil zu zahlen. (Aus Vorjahren besteht ein rechtskräftig festgestellter Verlustvortrag i.H.v. 16.274,00 €. Der Gewerbesteuerhebesatz für die Gemeinde beträgt 330 %.)
Aus den Vorjahren ist ein rechtskräftig festgestellter Verlustvortrag in Höhe von 16.274,00 € zu berücksichtigen.
Der Hebesatz für die Gewerbesteuer beträgt 330 %.
Berechnen Sie die Gewerbesteuerschuld für 2008 und geben Sie die entsprechenden Rechtsgrundlagen an (nicht auszufüllende Rechtsgrundlagenfelder sind geschwärzt).
Verwenden Sie dazu das Lösungsschema.

Lösungsschema:

Vorgang	Rechtsgrundlage §	€-Betrag
Gewinn		
Hinzurechnungen:		
Kürzungen:		
Zwischensumme		
./. Verlustvortrag aus Vorjahren		
Zwischensumme		
abgerundet		
./. Freibetrag		
vorläufiger Gewerbeertrag		
3,5 % von		
GewSt-Messbetrag		
× Hebesatz		
= Gewerbesteuer		

VI. Einkommensteuer

Gehen Sie bei den folgenden Aufgaben davon aus, dass ein möglichst niedriger Gewinn ausgewiesen werden soll. Die Unternehmer sind zum vollen Vorsteuerabzug berechtigt; die formellen Voraussetzungen zum Vorsteuerabzug gelten als erfüllt.

Aufgabe 9 (15 Punkte)

Renate Witt ist selbstständige Designerin, führt ein kleines Geschäft in Heidelberg und ermittelt ihren Gewinn nach § 4 Abs. 3 EStG.
Ermitteln Sie bei den folgenden Aufgaben die in 2008 zu berücksichtigenden Betriebseinnahmen bzw. Betriebsausgaben. Bitte begründen Sie Ihre Entscheidung und geben Sie die jeweilige Rechtsquelle an.

a) Frau Witt erhält von einem Kunden einen Schirmständer für den Eingangsbereich ihres Geschäftes geschenkt (Teilwert 350,00 €).

....

....

....

....

....

b) Kauf eines neuen Computers (ND 3 J.) für 1.800,00 € zzgl. 19 % USt 342,00 € = Rechnungsbetrag 2.142,00 €. Lieferung und Rechnungsstellung des Lieferanten erfolgt am 27.12.2008, die Zahlung erst im neuen Jahr.

....

....

....

....

....

c) Der alte Computer (Restbuchwert 10,00 €) wird für 50,00 € zzgl. 19 % USt 9,50 € = 59,50 € an eine Angestellte verkauft.
Dieser Preis ist angemessen. Die Kaufpreisforderung wurde mit dem Dezember-Gehalt verrechnet.

....

....

....

....

....

d) Die Einkommensteuervorauszahlung wird in Höhe von 3.000,00 € vom Geschäftskonto abgebucht.

Aufgabe 10 (13 Punkte)

Spielwarenhändler Theobald Becker ermittelt seinen Gewinn durch Betriebsvermögensvergleich (§ 5 EStG). Ermitteln Sie unter Berücksichtigung der nachstehenden Erläuterungen die Steuerbilanzwerte zum Bilanzstichtag 31.12.2008.

a) Becker erwirbt im Februar 2008 ein neben seinem Geschäft liegendes unbebautes Grundstück zum Kaufpreis von 476.000,00 € (inkl. 19 % USt.). Dabei fallen für Becker Grunderwerbsteuer in Höhe von 14.000,00 € sowie Gerichtskosten von 3.000,00 € und Notariatskosten von 4.284,00 € (inkl. 19 % USt.) an. Auf Grund der günstigen Lage zu einem nahen Einkaufzentrum hat sich der Verkehrswert schon Ende 2008 auf 440.000,00 € (netto) erhöht.

b) Becker stellt im März 2008 für das unter a) genannte Grundstück einen Bauantrag und baute dort einen großen Spielpavillon, der Anfang Oktober 2008 fertig gestellt wird. Die Herstellungskosten des Gebäudes betragen 900.000,00 € (netto), die betriebsgewöhnliche Nutzungsdauer kann mit 35 Jahren angenommen werden.

....

....

....

....

....

c) Zur Finanzierung des Spielpavillons nimmt Becker ein mit üblichen Bankzinssätzen zu verzinsendes Darlehen über 600.000,00 € auf. Dieses ist, da es sich um staatliche Fördermittel handelt, für zwei Jahre tilgungsfrei.

....

....

....

....

3. Musterklausur

I. Bewertungsgesetz/Einheitsbewertung

Aufgabe 1 (1 Punkt)

In welchem Verhältnis stehen die allgemeinen Bewertungsvorschriften zu den Bewertungsvorschriften in anderen Steuergesetzen?

....

....

....

....

....

....

Aufgabe 2 (6 Punkte)

Welche Feststellungsarten für den Einheitswert werden im Bewertungsgesetz festgeschrieben?
Bitte erläutern Sie diese.

....

....

....

....

....

....

....

....

....

....

....

....

....

....

II. Abgabenordnung

Aufgabe 3 (10 Punkte)

Der Handelsvertreter Sören Hagen erhält am Mittwoch, 23. Januar 2008, seinen Einkommensteuerbescheid für das Kalenderjahr 2006. Der Bescheid wurde vom Finanzamt am Dienstag, 22. Januar 2008 mit einfachem Brief zur Post gegeben. Die ausgewiesene Einkommensteuer-Abschlusszahlung beträgt 2.574,00 €, die einen Monat nach Bekanntgabe des Bescheides fällig wird.
Sören Hagen hat mit einer Einkommensteuererstattung von 900,00 € gerechnet. Er kontrolliert den Bescheid und stellt fest, dass einige Betriebsausgaben nicht anerkannt wurden. Keinesfalls möchte er die festgesetzte Abschlusszahlung leisten.

a) Was kann Sören Hagen gegen den Einkommensteuerbescheid unternehmen?

....

....

....

....

b) Berechnen Sie bitte das Ende der Rechtsbehelfsfrist mit Datum und Uhrzeit.

....

....

....

....

....

....

c) Wann ist die Abschlusszahlung fällig? Gibt es eine zu b) abweichende Fristenberechnung?

....

....

....

....

d) Hagen muss aber feststellen, dass die Abschlusszahlung in Ordnung ist. Deshalb schickt er dem Finanzamt am 1. März 2009 (Eingang: 3. März) einen Scheck über 574,00 € und überweist die restlichen 2.000,00 € per Bank am 30. März 2009 (Kontogutschrift beim Finanzamt: 2. April). Berechnen Sie bitte den Betrag, den Hagen bezahlen muss und geben Sie unter Angabe der Rechtsgrundlagen den Tatbestand an.

Aufgabe 4 (3 Punkte)

Frau Weber ist Apothekerin in Mannheim und möchte, da sie zurzeit sehr viel Arbeit hat, folgende Fristen beim Finanzamt Mannheim verlängern.
Bitte prüfen Sie, ob von Seiten des Finanzamtes eine Verlängerungsmöglichkeit besteht.

a) Fristverlängerung zur Abgabe der Einkommensteuer-Erklärung

b) Fristverlängerung zur Vorlage von erläuternden Belegen zur Einkommensteuererklärung

c) Einspruchfrist gegen den Einkommensteuer-Bescheid

....

....

....

....

Aufgabe 5 (6 Punkte)

Das Finanzamt Goslar gewährt dem Schornsteinfegermeister Heinz Mielke seinen Antrag auf Stundung der am 20. Juni 2008 fälligen Einkommensteuer-Abschlusszahlung in Höhe von 3.500,00 € bis zum 10. September 2008. Für die Stundung erhebt das Finanzamt Goslar 35,00 € Zinsen.
Am 5. August dieses Jahres erhält Mielke einen Bescheid mit der Aufforderung zur Zahlung von Grunderwerbsteuer für das neu erworbene Grundstück in Höhe von 475,00 €. Daraufhin erfolgt am 11. Oktober ein Bescheid, nach dem er als Anlieger einen Anteil in Höhe von 2.500,00 € zur Erschließung einer neuen Straßenführung leisten soll. Im Jahre 2009 möchte Mielke eine Weltreise machen, dafür stellt er im Dezember 2008 einen Antrag für einen neuen Reisepass und muss 30,00 € bezahlen.

Um welche Art von öffentlichen Abgaben bzw. steuerlichen Nebenleistungen handelt es sich bei den geforderten Beträgen? Bitte begründen Sie Ihre Antwort.

a) Stundungszinsen der Einkommensteuer-Abschlusszahlung

....

....

....

....

....

b) Zahlung der Grunderwerbsteuer

....

....

....

....

....

....

c) Anteil an der Straßenerschließung

d) neuer Reisepass

III. Lohnsteuer

Aufgabe 6 (2 Punkte)

Wie wirkt sich eine Lohnsteuer-Pauschalierung auf die Einkommenbesteuerung des Arbeitnehmers aus?

Aufgabe 7 (4 Punkte)

Prüfen Sie, ob in folgenden Fällen eine Pauschalierung der Lohnsteuer möglich ist. Tragen Sie Ihre Lösung unter Angabe der genauen gesetzlichen Regelung in die Tabelle ein und geben Sie die Höhe des Pauschsteuersatzes an.

Vorgang	Pauschalisierung ja/nein	gesetzliche Regelung	LSt. %-Satz
Frau Lehmann ist als Teilzeitbeschäftigte kurzfristig zur Weihnachtszeit als Verkäuferin beschäftigt. Sie arbeitet 3 Wochen (5-Tage-Woche) halbtags 4 Stunden und verdient 11,50 €/Std. Sie übt sonst keine weiteren Beschäftigungen aus.			
Herr Schulz ist Aushilfsfahrer und erhält monatlich 400,00 €. Sein Arbeitgeber entrichtet keine pauschalen Beiträge zur Sozialversicherung.			
Frau Walter arbeitet regelmäßig zwei Tage die Woche und erhält 15,75 €/Std. Sie übt sonst keine weiteren Beschäftigungen aus.			

IV. Einkommensteuer

Aufgabe 8 (2 Punkte)

Helmut Müller ist Bäckermeister und erzielt Einkünfte aus Gewerbebetrieb. Er ist im Handelsregister eingetragen und ermittelt seinen Gewinn seit der Geschäftseröffnung nach dem Wirtschaftsjahr, das jeweils vom 1. Oktober bis zum 30. September läuft. Sein durch Bestandsvergleich nach § 5 EStG ermittelter Gewinn beläuft sich auf:
- 175.000,00 € für das Wirtschaftsjahr 01.10.2007 – 30.09.2008
- 315.000,00 € für das Wirtschaftsjahr 01.10.2008 – 30.09.2009

a) Ist diese Gewinnermittlung von Herrn Müller nach einem vom Kalenderjahr abweichenden Wirtschaftsjahr steuerlich zulässig?

....

....

....

....

b) In welcher Höhe ist der Gewinn im Veranlagungszeitraum 2008 zu versteuern?

....

....

....

....

Aufgabe 9 (16 Punkte)

Der Fabrikant Sepp Meier ermittelt seinen Gewinn nach § 5 EStG. Er hat am 1. September 2007 eine neue Werkzeugmaschine zum Kaufpreis von 285.600,00 € (inkl. 19 % USt.) erworben; die betriebsgewöhnliche Nutzungsdauer wird mit zehn Jahren anerkannt. Am 2. September 2007 wird die Maschine von einer Spedition angeliefert, aufgestellt und angeschlossen, dafür erhält er eine Rechnung in Höhe von 7.140,00 € (inkl. 19 % USt.).
Ende 2007 kommt aufgrund technischer Änderungen bei elektronischen Bauteilen von Werkzeugmaschinen eine neue Werkzeugmaschine auf den Markt. Dadurch sinkt der Teilwert der Maschine zum 31.12.2007 auf 150.000,00 €. Die Wertminderung ist voraussichtlich dauerhaft.

a) Wie hoch sind die Anschaffungskosten der Werkzeugmaschine? Bitte erläutern Sie diese Zusammensetzung der Anschaffungskosten mit Angabe der Rechtsvorschriften.

....

....

....

....

b) Mit welchem Wert ist die Werkzeugmaschine in der Steuerbilanz zum Bilanzstichtag 31.12.2007 sowie zum 31.12.2008 anzusetzen? Gehen Sie davon aus, dass Meier einen möglichst niedrigen Gewinn ausweisen möchte.
Stellen Sie die Wertentwicklung der Maschine schematisch dar (Zugang, AfA/Teilwertabschreibung, Endbestand) und begründen Sie bitte die einzelnen Bewertungsschritte mit Angabe der Rechtsvorschriften.

....

....

....

....

....

....

....

....

....

....

c) Wie wäre die Maschine in der Steuerbilanz zum 31.12.2007 sowie zum 31.12.2008 zu bewerten, wenn Meier 2007 und 2008 jeweils einen möglichst hohen Gewinn ausweisen möchte? Stellen Sie bitte wie in Aufgabe b) die Wertentwicklung und Begründung dar.

....

....

....

....

....

....

....

....

....

Aufgabe 10 (6 Punkte)

Tischlermeister Eduard Zimmermann aus Bargteheide möchte gerne von Ihnen wissen, ob folgende Betriebsausgaben aus einkommensteuerrechtlicher Sicht in 2009 steuermindernd geltend gemacht werden können.
Er ermittelt seinen Gewinn als Überschussrechnung nach § 4 Abs. 3 EStG.

a) Wie wird der Begriff Betriebsausgabe im EStG definiert?

....

....

b) Ergänzen Sie bitte in der untenstehenden Tabelle, ob und gegebenenfalls in welcher Höhe eine abzugsfähige Betriebsausgabe anfällt. Nennen Sie dabei bitte ggf. die genaue Rechtsgrundlage.

	abziehbare Betriebsausgabe ja/nein/teils Höhe in €	**Rechtsgrundlage §**
Tilgung der Darlehensschuld über 5.000,00 €.		
Zimmermann unterstützt bei der Bürgermeisterwahl Anfang 2009 seine Partei mit einer Spende in Höhe von 3.000,00 €.		
In der Tischlerei wird Holz im Werte von 1.000,00 € netto gestohlen.		
Zu Weihnachten verschenkt Zimmermann an einen guten Kunden einen Holzstuhl im Werte von 30,00 € netto.		
Für Bewirtungen beim Betriebsfest werden insgesamt 1.000,00 € aufgewendet.		

V. Umsatzsteuer

Einzelhändler Arno Bauer betreibt in Ulm in gemieteten Räumen ein Spielwarengeschäft. Außerdem ist er Eigentümer eines kleinen in Ulm gelegenen Wohn- und Geschäftshauses, das 1980 fertig gestellt wurde. Schließlich bewohnt er selbst ein eigenes Einfamilienhaus in der Nähe von Ulm.
Herr Bauer unterliegt der Regelbesteuerung. Bei innergemeinschaftlichen Lieferungen und Erwerben verwendet er seine deutsche USt-IDNummer. Auf Steuerbefreiungen hat Herr Bauer – soweit möglich und sinnvoll – verzichtet. Seine jährlichen Umsätze schwanken zwischen 460.000,00 € und 500.000,00 €.

Soweit in den einzelnen Textziffern keine gegenteilige Aussage getroffen wird, gelten alle erforderlichen Buch- und Belegnachweise als erbracht.

Aufgabe 11 (3 Punkte)

Nehmen Sie unter Angabe der Rechtsgrundlagen Stellung zur umsatzsteuerlichen Unternehmereigenschaft des Herrn Bauer und zum Umfang dessen Unternehmens.

....

....

....

....

....

....

....

Aufgabe 12 (14 Punkte)

Beurteilen Sie die folgenden Geschäftsfälle des Arno Bauer und tragen Sie die Lösung (Umsatzart, Ort und Bemessungsgrundlage des Umsatzes) mit Angabe der einschlägigen Rechtsvorschriften in das Lösungsschema auf Seite 66 ein.

Aus den Büchern und Unterlagen ergeben sich für den Monat Januar 2009 folgende Angaben.

a) Verkäufe von Spielwaren in Ulm brutto 18.540,20 €.

....

....

....

b) Zahlung einer Versicherungsleistung für entwendete Waren: 160,00 €.

....

....

....

c) 100 Spielzeugbaukästen werden an einen Einzelhändler nach Frankreich versandt. Hierfür vereinnahmt Bauer 6.148,00 €.

....

....

....

d) Herr Bauer verkauft an seinen Angestellten Müller ein Schaukelpferd für 595,00 € brutto. Die Anschaffungskosten für das Pferd betrugen 500,00 € netto, die Wiederbeschaffungskosten liegen zurzeit bei 525,00 € netto.
Bauer hatte das Schaukelpferd in seinem Geschäft mit einem Verkaufspreis von 1.071,00 € netto ausgezeichnet.

....

....

....

....

....

e) Das Herrn Bauer gehörende Haus in Ulm wird wie folgt genutzt. Bauer hat – soweit möglich – zur Umsatzsteuerpflicht optiert.

Geschoss	Nutzungsart	tatsächliche mtl. Mieteinnahmen
Erdgeschoss Fläche: 130 qm	vermietet an seine Ehefrau, die dort ein Buchgeschäft betreibt	19.337,50 €
1.Obergeschoss Fläche: 90 qm	wird vom Sohn der Familie Bauer ohne Mietzahlung bewohnt	jährl. Mietwert: 9.000,00 €
2.Obergeschoss Fläche: 75 qm	vermietet an den kfm. Angestellten Lühmann	625,00 €

Lösungsschema zu Aufgabe 12:

TZ	Art des Umsatzes	nicht steuerbar €	steuerbar im Inland €	steuerfrei im Inland €	steuerpflichtig im Inland zu 19 % €
a)					
b)					
c)					
d)					
e) EG					
e) 1.OG					
e) 2.OG					

Aufgabe 13 (6 Punkte)

Ermitteln Sie die abzugsfähige und nicht abzugsfähige Vorsteuer des Spielwarenhändlers Bauer für den Monat Januar 2009. Benutzen Sie hierfür das folgende Lösungsschema. Arno Bauer erhält im Januar 2009 folgende Rechnungen:
- für Wareneinkäufe: 6.545,00 €,
- für Renovierungsarbeiten im Erdgeschoss seines vermieteten Hauses: 1.785,00 €,
- für Außenputz und Anstricharbeiten an der Vorderwand des vermieteten Hauses; die Außenwände sind bei allen Geschossen gleich groß: 4.165,00 €.

Begründen Sie bitte auch jeweils Ihre Entscheidung zum Vorsteuerabzug. Alle Beträge stellen Bruttobeträge inkl. 19% USt dar.

Lösungsschema zu Aufgabe 13:

Vorgang/Rechnung	davon abziehbar	davon nicht abziehbar
Wareneinkäufe		
Renovierung EG		
Außenputz und Anstricharbeiten		

VI. Gewerbesteuer

Aufgabe 14 (21 Punkte)

Joachim Kohrs betreibt in Mölln eine Druckerei. Für das Jahr 2008 hat er seinen vorläufigen Gewinn nach § 5 EStG in Höhe von 280.000,00 € errechnet. Bei der Gewinnermittlung wurden 17.500,00 € Zinsaufwendungen berücksichtigt, da Kohrs vor 3 Jahren für die Erweiterung des Betriebsgebäudes ein Bankdarlehen in Höhe von 250.000,00 € (Laufzeit 10 Jahre) aufgenommen hatte. Das Grundstück, auf dem die Druckerei betrieben wird, gehört Kohrs und wurde vom Finanzamt Mölln mit einem Einheitswert auf den 1.1.1964 in Höhe von 450.000 DM festgestellt. Der Hebesatz für die Gewerbesteuer beträgt in Mölln 350 %.

a) Wer ist in diesem Fall Schuldner der Gewerbesteuer?

....

....

....

....

....

b) Wer erteilt den Gewerbesteuer-Messbescheid und den Gewerbesteuer-Bescheid für Kohrs?

....

....

....

....

....

c) Mölln will die Stadt für Gewerbetriebe attraktiver machen und möchte für 2009 den Hebesatz auf 180 % festlegen. Bitte beziehen Sie dazu Stellung.

....

....

....

....

....

....

....

....

d) Ermitteln Sie die Gewerbesteuerschuld für Joachim Kohrs für das Jahr 2008. Benutzen Sie dazu das beigefügte Lösungsschema. Nicht auszufüllende Rechtsgrundlagenfelder sind geschwärzt.

Vorgang	Rechtsgrundlage § GewStG	€-Betrag
Gewinn aus Gewerbebetrieb		
Hinzurechnungen:		
Kürzungen:		
= Zwischensumme		
abgerundet		
./. Freibetrag		
= verbleibender Gewerbeertrag		
3,5 % von		
= Gewerbesteuer-Messbetrag		
× Hebesatz der Gemeinde		
Gewerbesteuerschuld		

e) Wie sind die Vorauszahlungen zur Gewerbesteuer zu berechnen? Was wird die Stadt tun, wenn sie die Vorauszahlungen mit Bescheid vom 10. Juni des Jahres an eine höhere Vorjahresschuld anpassen will?

....

....

....

....

....

....

....

....

....

....

Lösungen zur 1. Musterklausur

Aufgabe 1 (6 Punkte)

a) Die Grundsteuer ist eine Steuer, da sie eine Geldleistung ist, die nicht eine Gegenleistung für eine besondere Leistung darstellt und von einem öffentlich-rechtlichen Gemeinwesen (Stadt Mosbach) zur Erzielung von Einnahmen allen auferlegt wird, bei denen der Tatbestand zutrifft, an den das Gesetz die Leistungspflicht knüpft (Grundbesitz). § 3 AO (2 Punkte)

b) Die Müllabfuhr ist eine Gebühr, da eine Gegenleistung gegenübersteht. (2 Punkte)

c) Der Kostenanteil für die Kläranlage stellt einen Beitrag dar, da eine Gegenleistung entsteht (Nutzungsrecht der Kläranlage), die Kosten aber nicht alleine getragen werden müssen. (2 Punkte)

Aufgabe 2 (4 Punkte)

a) Das Finanzamt wird für die verspätete Zahlung einen Säumniszuschlag gem. § 240 AO erheben. (1 Punkt)

b) Der Säumniszuschlag beträgt eins vom Hundert des abgerundeten rückständigen Steuerbetrags; abzurunden ist auf den nächsten durch fünfzig Euro teilbaren Betrag.
3.750,00 € × 1% × 2 angefangene Monate = 75,00 €. (3 Punkte)

Aufgabe 3 (8 Punkte)

a) Gem. § 122 AO gilt der Steuerbescheid, der durch Post übermittelt wird, am dritten Tag nach seiner Aufgabe als bekannt gegeben. Aufgabe zur Post am 11.01.08, Bekanntgabe somit am 14.01.2008. (2 Punkte)

b) Die Rechtsbehelfsfrist zur Einlegung des Einspruchs endet einen Monat nach Bekanntgabe des Verwaltungsakts (§ 355 AO), also am 14.02.2008. (2 Punkte)

c) Durch den Verkehrsunfall ist die Einspruchsfrist gegen den Einkommensteuerbescheid abgelaufen. Dies geschah jedoch ohne Verschulden von Frau Franz. Sie kann daher einen Antrag auf Wiedereinsetzung in den vorherigen Stand stellen (§ 110 Abs. 1 AO). Dieser Antrag ist binnen eines Monats nach Wegfall des Hindernisses zu stellen (§ 110 Abs. 2 AO). Die Verhinderung ist am 15.02.2008 weggefallen. Die Frist würde also am 15.03.2008 ablaufen, da dies aber ein Samstag ist, endet die Frist erst am nächsten Werktag, also am Montag, den 17.03.2008 (§ 108 Abs. 3 AO). (3 Punkte)

d) Die falsche Bezeichnung des Einspruchs als Widerspruch ist gem. § 357 Abs. 1 AO unschädlich. (1 Punkt)

Aufgabe 4 (3 Punkte)

a) Gem. § 21 BewG findet alle 6 Jahre eine Hauptfeststellung der Einheitswerte statt. (1 Punkt)

b) Bei der Hauptfeststellung werden die Einheitswerte festgestellt.
Es werden die Verhältnisse zu Beginn des Kalenderjahres zugrunde gelegt. (2 Punkte)

Aufgabe 5 (3 Punkte)

Herr Baumann ist Unternehmer im Sinne des § 2 Abs. 1 UStG, da er eine gewerbliche Tätigkeit selbstständig, mit der Absicht Einnahmen zu erzielen, ausübt. Das Unternehmen umfasst seine gesamte gewerbliche Tätigkeit, bestehend aus dem Fahrradladen mit Werkstatt und dem gesamten vermieteten Haus.

Aufgabe 6 (18 Punkte)

TZ	Art des Umsatzes	Ort des Umsatzes	nicht steuerbar €	steuerbar im Inland €	steuerfrei im Inland €	steuerpflichtig im Inland zu 19 % €	Punkte
a)	Lieferung § 3 Abs. 1	Koblenz § 3 Abs. 6		4.500,00		4.500,00	2
b)	sonstige Leistung § 3 Abs. 10	Koblenz § 3a Abs. 2 Nr. 3c		6.500,00		6.500,00	2
c)	Lieferung ohne Entgelt § 3 Abs. 1b Nr.1	Koblenz § 3f		750,00		750,00	2
d)	innergemein. Erwerb § 1a Abs. 1	Koblenz § 3d Satz 1		8.400,00		8.400,00	2
e)	sonstige Leistung ohne Entgelt § 3 Abs. 9a Nr. 1	Koblenz § 3f	250,00	4.000,00		4.000,00	2
f) EG	Innenumsatz	Koblenz	10.800,00				2
f) 1.OG	sonstige Leistung § 3 Abs. 9	Koblenz § 3a Abs. 2 Nr. 1		9.758,00	9.758,00		2
f) 2. OG	sonstige Leistung § 3 Abs. 9	Koblenz § 3a Abs. 2 Nr. 1		8.200,00		8.200,00	2
f) DG	sonstige Leistung § 3 Abs. 9	Koblenz § 3a Abs. 2 Nr. 1		6.800,00	6.800,00		2

alle §§ = UStG

Aufgabe 7

Vorfall	Vorsteuer gesamt	davon abziehbar	davon nicht abziehbar	Punkte
Wasserleitung	151,68 €	151,68 €		0,5
Elektroinstallation	207,56 €		207,56 €	0,5
Rollladen	43,91 €	43,91 €		0,5
Dachfenster	138,91 €		138,91 €	0,5
Zentralheizung	2.283,19 €	1.369,91 €	913,28 €	1,5
Summen	2.825,25 €	1.565,50 €	1.259,75 €	0,5

Begründung:

Die Vorsteuerbeträge, die steuerpflichtigen Umsätzen direkt zugeordnet werden können, sind in vollem Umfang abzugsfähig. Dies bedeutet für die Vorsteuerbeträge aus den Reparaturen folgendes: (1 Punkt)

Die Vorsteuer auf die Reparaturen der Wasserleitung im Erdgeschoss ist voll abzugsfähig, da die im Laden getätigten Umsätze steuerpflichtig sind. (1 Punkt)

Die Vorsteuer für die Elektroinstallation im 1. OG und das Dachfenster sind nicht abzugsfähig, da die Umsätze steuerfrei sind und eine Option wegen der Steuerfreiheit der Umsätze des Mieters (1. OG) bzw. der fehlenden Unternehmereigenschaft der Mieterin (Dachgeschoss) nicht möglich ist. (2 Punkte)

Die Vorsteuer auf die Rollladenreparatur ist voll abzugsfähig, da der Umsatz wegen der Option steuerpflichtig ist. (1 Punkt)

Die auf das gesamte Objekt entfallende Vorsteuer aus der Heizungserneuerung ist aufzuteilen. Aufteilungsmaßstab ist die vermietete Fläche. Nicht abziehbar sind daher 180 m2/450 m2 = 40 %. (2 Punkte)

Aufgabe 8 (2 Punkte)

Gem. § 39c Abs. 2 EStG kann der Arbeitgeber den Lohnsteuerabzug vom Arbeitslohn nach den Merkmalen der Lohnsteuerkarte des Vorjahres durchführen.

Aufgabe 9 (5 Punkte)

Vorgang	Pauschalisierung ja/nein	gesetzliche Regelung	Lohnsteuer %-Satz	Punkte
Der Arbeitgeber zahlt den Arbeitnehmern für seine Fahrten zwischen Wohnung und Arbeitsstätte mit dem Privat-Pkw je Entfernungskilometer 0,25 €.	ja	§ 40 (2) Satz 2 EStG	15 %	1,5
Der Arbeitgeber zahlt jedem seiner 100 Beschäftigten anlässlich des Firmenjubiläums eine Prämie in Höhe von 750,00 €.	ja	§ 40 (1) Nr. 1 EStG	individuell	1,5
Der Arbeitgeber zahlt einem Arbeitnehmer eine Prämie für einen Ver-besserungsvorschlag.	nein			0,5
Eine Hausfrau hilft an Ostern immer für 2 Wochen 5 Stunden täglich im Verkauf und verdient dabei 10,00 € je Stunde. Eine weitere Beschäftigung übt sie nicht aus.	ja	§ 40a (1) EStG	25 %	1,5

Aufgabe 10 (16 Punkte)

Vorgang	Rechtsgrundlage §	Punkte	€-Betrag	Punkte
Gewinn 2008	§ 7 GewStG	0,5	120.923,00	
Hinzurechnungen gem. § 8 GewStG: **Ermittlung der Finanzierungsaufwendungen:** Darlehenszinsen: 65.600,00 € + Leasingraten: 45.000,00 € x 1/5 (= 20%) = 90.000,00 € = Summe Finanzierungsaufwendungen: 110.600,00 € ./. Freibetrag: 100.000,00 € = 10.600,00 € davon 25 % = Hinzurechnungen: **2.650,00 €**	§ 8 Nr.1a+d GewStG	0,5	2.650,00	4,5
Kürzungen: 1,2 % des EW des Grundstückes = 1,2 % von (150.000,00 € x 140 %) = 1,2 % von 210.000,00 €	§ 9 Nr.1 GewStG	0,5	–2.520,00	1,5
Zwischensumme			121.053,00	
./. Verlustvortrag aus Vorjahren			–16.274,00	1
Zwischensumme			104.779,00	
abgerundet auf volle 100,00 €	§ 11 Abs.1 GewStG	0,5	107.700,00	1
./. Freibetrag	§ 11 Abs.1 Nr.1 GewStG kein Abzug, da keine natürliche Person	0,5	0,00	1
vorläufiger Gewerbeertrag			104.700,00	
3,5 % von 104.700,00 €	§ 11 Abs.2 Nr.2 GewStG	0,5		1
GewSt-Messbetrag	§ 14 GewStG	0,5	3.664,00	1
× Hebesatz	§ 16 GewStG	0,5	375 %	
= Gewerbesteuer			13.740,00	1

Aufgabe 11 (4 Punkte)

Der Gewinn gehört gem. § 17 EStG zu den Einkünften aus Gewerbebetrieb, da Ehinger innerhalb der letzten 5 Jahre zu mehr als 1 % an der MARKS GmbH beteiligt war.

Aufgabe 12 (4 Punkte)

a) Mahler darf nicht auf Grund gesetzlicher Vorschriften verpflichtet sein, Bücher zu führen und regelmäßig Abschlüsse zu machen. (2 Punkte)

b) Der Gewinn wird als Überschuss der Betriebseinnahmen über die Betriebsausgaben ermittelt. (Punktabzug, wenn Vorwort „Betrieb" fehlt!) (2 Punkte)

Aufgabe 13 (14 Punkte)

Aufgabe:	Abziehbar ja/nein/teils Höhe in €	Rechtsgrundlage §§ (alle EStG)	Punkte
In den Jahren 1997 bis 2000 hat Welke betriebliche Steuern hinterzogen. Nach Entdeckung durch die Finanzbehörde zahlt er diese nach und muss zusätzlich Hinterziehungszinsen in Höhe von 2.500,00 € an die Finanzkasse abführen.	nein	§ 4 Abs.5 Nr.8a	2
Für eine eintägige Dienstreise, die 12 Stunden dauert, möchte er 30,00 € als Verpflegungspauschale abziehen.	teils; abziehbar 24,00 € je Tag	§ 4 Abs.5 Nr.5 TZ c)	2
Pro Reisetag möchte er bei mehrtägigen Reisen (Abwesenheit 24 Stunden) 50,00 € als Verpflegungspauschale auszahlen.	teils; abziehbar 24,00 € je Tag	§ 4 Abs.5 Nr.5 TZ a)	2
An Weihnachten beschenkt er seine treuen Kunden. Je Kunde beträgt der Wert des Geschenks 32,70 €. Eine Liste der Beschenkten liegt vor. Weitere Geschenke werden nicht getätigt.	voll; da unter 35,00 €	§ 4 Abs.5 Nr.1	2
Welke leistet eine Spende an die CDU in Höhe von 2.000,00 €, die er als Betriebsausgabe geltend machen möchte.	nein	§ 4 Abs.6	2
Für die Bewirtung von Geschäftspartnern werden insgesamt 2.500,00 € aufgewendet.	teils; 70 % von 2.500,00 € = 1.750,00 €	§ 4 Abs.5 Nr.2	2
Im Außendienst wird Welke mehrfach wegen zu schnellen Fahrens und Falschparkens verwarnt. An Strafzetteln kommen insgesamt 1.800,00 € zusammen.	nein	§ 4 Abs.5 Nr.8	2

Aufgabe 14 (2 Punkte)

Den „Goodwill" bezeichnet das Steuerrecht als „Geschäfts- oder Firmenwert". Dieser ist gem. § 7 Abs. 1 Satz 3 EStG auf 15 Jahre abzuschreiben.

Lösungen zur 2. Musterklausur

Aufgabe 1 (16 Punkte)

a) Gemäß § 149 Abs. 2 AO ist die Einkommensteuererklärung bis zum 31.05.2007 einzureichen. (1 Punkt)

b) Ja; gemäß § 109 Abs. 1 AO hätte Notar Wilke eine Fristverlängerung beantragen können. (1 Punkt)

c) Ja; der Bescheid über die Festsetzung des Zwangsgeldes ist ein Verwaltungsakt i.S. des § 118 AO. (1 Punkt)

d) Das Zwangsgeld stellt eine steuerliche Nebenleistung dar; § 3 Abs. 4 AO. (1 Punkt)

e) Als Rechtsbehelf gegen den Zwangsgeldbescheid ist ein Einspruch statthaft; § 347 Abs.1 AO. (2 Punkte)

f) Nein; eine unzutreffende Bezeichnung des Rechtsbehelfs ist unschädlich; § 357 Abs. 1 AO. (2 Punkte)

g) Nein; gemäß § 361 Abs. 1 AO wird die Vollziehung durch einen eingelegten Rechtsbehelf nicht gehemmt. Für die Aussetzung der Vollziehung müsste ein separater Antrag gestellt werden; § 361 Abs. 2 AO. (2 Punkte)

h) Der Bescheid gilt grundsätzlich am dritten Tag nach Aufgabe bei der Post als bekannt gegeben = Samstag, 26.01.2008; § 122 Abs. 2 AO. Da dieser Tag aber ein Samstag ist, verlängert sich der Termin der Bekanntgabe auf den nächstfolgenden Werktag = Montag, 28.01.2008

Dauer der Frist: 1 Monat (§ 355 Abs.1 AO)
Die Frist wird nach den Regeln der §§ 187-193 BGB berechnet (§ 108 Abs.1 AO).
Fristbeginn 29. Januar 2008 um 0 Uhr.
Ende der Frist: 29. Februar 2008.
Notar Wilke hat somit die Frist nicht eingehalten. (6 Punkte)

Aufgabe 2 (6 Punkte)

a) Gemäß § 19 Abs. 1 BewG sind Einheitswerte für inländische Grundstücke festzustellen, und zwar:
- für Betriebe der Land- und Forstwirtschafthier: Bauernhof(1 Punkt)
- für Grundstücke hier: Mietwohngrundstück in Lübeck (1 Punkt)
- für Betriebsgrundstücke hier: Grundstück, auf dem sich der Gasthof befindet (1 Punkt)

Für das Ferienhaus in Teneriffa wird kein Einheitswert festgestellt, da das Grundstück nicht im Inland gelegen ist. (1 Punkt)

b) Der Einheitswert des Betriebsgrundstückes in Bentfeld wirkt sich gewerbesteuerlich als Kürzung aus. Geregelt ist dies im § 9 Nr. 1 GewStG. (2 Punkte)

Aufgabe 3 (3 Punkte)

Gemäß § 2 Abs. 1 UStG ist Unternehmer, wer eine gewerbliche oder berufliche Tätigkeit selbstständig ausübt. Dies ist bei Klaus Weber der Fall. Sämtliche Tätigkeiten des Klaus Weber stellen im umsatzsteuerrechtlichen Sinne ein Unternehmen dar; § 2 Abs. 1 Satz 2 UStG.

Aufgabe 4 (15 Punkte)

a) Es handelt sich um einen innergemeinschaftlichen Erwerb (steuerbar und steuerpflichtig) i.S. des § 1a Abs. 1 UStG, da die Ware an einen Erwerber (= Klaus Weber) aus dem Gebiet eines Mitgliedstaates (= Spanien) in das Inland gelangt (§ 3d UStG). (3 Punkte)

b) Es handelt sich um eine steuerbare Lieferung, die aber als Ausfuhrlieferung gemäß § 4 Nr. 1a UStG i.V.m. § 6 UStG steuerfrei ist. (3 Punkte)

c) Bei der Zahlung der Versicherung handelt es sich um einen echten Schadensersatz. Dieser ist nicht steuerbar mangels fehlender Gegenleistung (§ 1 Abs. 1 Nr. 1 UStG). (3 Punkte)

d) Da es sich bei der steuerbaren Wohnungsmiete gemäß § 4 Nr. 12a UStG um umsatzsteuerfreie Umsätze handelt, sind auch die darauf entfallenden, weiterberechneten Nebenkosten umsatzsteuerfrei zu behandeln. Unselbstständige Nebenleistungen teilen das Schicksal der Hauptleistung. (3 Punkte)

e) Es handelt sich um eine gemäß § 1 Abs. 1 UStG steuerbare und steuerpflichtige Leistung, da eine Befreiung nach § 4 UStG nicht greift. (3 Punkte)

Aufgabe 5 (6 Punkte)

a) Die Entnahme des Regals stellt eine unentgeltliche Wertabgabe dar, die gem. § 3 Abs. 1b Nr.1 UStG einer Lieferung gegen Entgelt gleichgestellt ist. Die Bemessungsgrundlage für die Umsatzsteuer bildet der Einkaufspreis zuzüglich eventueller Nebenkosten ersatzweise die Selbstkosten (§ 10 Abs. 4 Nr. 1 UStG); hier 2.000,00 €. (3 Punkte)

b) Es handelt sich um einen nicht steuerbaren Innenumsatz, da es zu keinem Leistungsaustausch kommt. Die Leistung verbleibt im umsatzsteuerlichen Unternehmen (§ 1 Abs. 1 Nr. 1 UStG). (3 Punkte)

Aufgabe 6 (2 Punkte)

Da Andresen seinen Betrieb erst Anfang 2009 aufgenommen hat, ist für ihn im laufenden und folgenden Kalenderjahr Voranmeldungszeitraum der Kalendermonat (§ 18 Abs.2 Satz 4 UStG).

Aufgabe 7 (8 Punkte)

a) Unabhängig vom Lohnsteuer-Anmeldezeitraum muss Thomas Berndt die Lohnsteuer von jeder (monatlichen) Lohnzahlung einbehalten (§ 38 Abs.3 EStG). (2 Punkte)

b) Gemäß § 41a Abs. 2 EStG ist Lohnsteuer-Anmeldungszeitraum grundsätzlich der Kalendermonat. Lohnsteuer-Anmeldungszeitraum ist das Kalendervierteljahr, wenn die abzuführende Lohnsteuer für das vorangegangene Kalenderjahr mehr als 800,00 €, aber nicht mehr als 3.000,00 € betragen hat. Lohnsteuer-Anmeldezeitraum ist das Kalenderjahr, wenn die abzuführende Lohnsteuer im vorangegangenen Jahr nicht mehr als 800,00 € betragen hat. (3 Punkte)

c) Thomas Berndt muss gemäß § 41a Abs. 2 Satz 4 EStG zunächst seine für den Mai abzuführende Lohnsteuer auf einen Jahresbetrag hochrechnen (210,00 € × 12 Monate = 2.520,00 €). Da die nun ermittelte Lohnsteuer mehr als 800,00 €, aber weniger als 3.000,00 € beträgt, hat Thomas Berndt seine Lohnsteueranmeldungen in 2009 vierteljährlich abzugeben. (3 Punkte)

Aufgabe 8 (16 Punkte)

Vorgang	Rechtsgrundlage §	Punkte	€-Betrag	Punkte
Gewinn	§ 7 GewStG	0,5	950.715,00	
Hinzurechnungen:	§ 8 Nr.1a-d GewStG	0,5	18.375,00	4,5
Ermittlung der Finanzierungsaufwendungen:				
Zinsen: 22.500,00 €	*§ 8 Nr.1a GewStG*			
+ dauernde Lasten: 100.000,00 €	*§ 8 Nr.1b GewStG*			
+ Gewinnanteil stiller Gesellschafter: 48.000,00 €	*§ 8 Nr.1c GewStG*			
+ Leasing/Miete für bewegliche Wirtschaftsgüter des AV zu 20 % 3.000,00 €	*§ 8 Nr.1d GewStG*			
= Summe Finanzierungsaufwendungen: 173.500,00 €	*§ 8 Nr.1 GewStG*			
./. Freibetrag: 100.000,00 €				
= 73.500,00 €				
davon 25 % **18.375,00 €**	*§ 8 Nr.1 GewStG*			
somit Hinzurechnungen gem. § 8 GewStG: **18.375,00 €**				
Kürzungen 1,2 % des EW des Grundstückes = 1,2% von (397.018,00 € × 140 %) = 1,2 % von 555.825,00 €	§ 9 Nr.1 GewStG	0,5	-6.669,90	1,5
Zwischensumme			962.420,10	
./. Verlustvortrag aus Vorjahren	§ 10a GewStG		-16.274,00	1
Zwischensumme			946.146,10	
abgerundet	§ 11 Abs.1 GewStG	0,5	946.100,00	1
./. Freibetrag	§ 11 Abs.1 Nr.1 GewStG	0,5	-24.500,00	1
vorläufiger Gewerbeertrag			921.600,00	
1% von 12.000 = 120,00 € 2% von 12.000 = 240,00 € 3% von 12.000 = 360,00 € 4% von 12.000 = 480,00 € 5% von 300.000 = 15.000,00 €	§ 11 Abs.2 Nr.2 GewStG	0,5		1
GewSt-Messbetrag	§ 14 GewStG	0,5	32.256,00	1
× Hebesatz	§ 16 GewStG	0,5	330 %	
= Gewerbesteuer			106.444,00	1

Aufgabe 9 (15 Punkte)

a) Geschenke, die dem Steuerpflichtigen mit Rücksicht auf die geschäftliche Beziehung von einem Geschäftsfreund gemacht werden, zählen zu den Betriebseinnahmen. Sie sind mit dem Teilwert als Betriebseinnahme anzusetzen; § 8 Abs. 1 EStG.
Frau Witt muss für den Schirmständer in 2008 eine gewinnerhöhende Betriebseinnahme in Höhe von 350,00 € buchen. (3 Punkte)

b) Gemäß § 4 Abs. 3 Satz 3 EStG sind die AfA-Regeln zu befolgen. Abzuschreiben ist der Nettowert (zeitanteilig) gem. § 7 (1) EStG (1.800/36 Monate = 50,00 €/Monat). Die AfA-Berechtigung besteht auch, wenn das Wirtschaftsgut zwar schon angeschafft, aber noch nicht bezahlt worden ist. Frau Witt bucht für den Computer in 2008 eine Gewinn mindernde Abschreibung in Höhe von 50,00 €. (4Punkte)

Gemäß § 9b Abs. 1 EStG gehört die abziehbare Vorsteuer nicht zu den Anschaffungskosten. Da die Rechnung für den Computer vorliegt, dieser auch bereits im Dezember geliefert wurde, kann Frau Witt bereits im Dezember die Vorsteuer gegenüber dem Finanzamt in Anspruch nehmen, als Betriebsausgabe wirkt sich diese jedoch erst zum Zeitpunkt der Verausgabung aus. (3 Punkte)

c) Der Veräußerungserlös für den Computer stellt eine Betriebseinnahme dar, ebenso die vereinnahmte Umsatzsteuer. Mithin sind insgesamt 59,50 € als Betriebseinnahmen zu versteuern. Der Restbuchwert in Höhe von 10,00 € ist als Betriebsausgabe zu berücksichtigen. (3 Punkte)

d) Die Einkommensteuerzahlung ist eine nicht abzugsfähige Betriebsausgabe (§ 12 Nr. 3 EStG). (2 Punkte)

Aufgabe 10 (13 Punkte)

a) Das Grundstück ist ein nicht abnutzbares Anlagegut, das nach § 6 Abs.1 Nr. 2 EStG grundsätzlich mit den Anschaffungskosten zu bewerten ist. Zu den Anschaffungskosten gehören auch die Anschaffungsnebenkosten (§ 255 Abs.1 HGB). Die abziehbaren Vorsteuern gehören nicht zu den Anschaffungskosten (§ 9b Abs.1 Satz 1 EStG). Danach betragen die Anschaffungskosten des Grundstücks 420.600,00 € (400.000,00 € + 14.000,00 € + 3.000,00 € + 3.600,00 €). Eine Bewertung mit dem Teilwert kommt nicht in Frage, da der Teilwert nicht niedriger, sondern höher als die Anschaffungskosten ist (§ 6 Abs.1 Nr.2 Satz 2 EStG).
(5 Punkte)

b) Der Pavillon ist ein abnutzbares Anlagengut, das nach § 6 Abs.1 Nr.1 EStG grundsätzlich mit den fortgeführten Herstellungskosten (abzgl. AfA) zu bewerten ist. Der Pavillon ist ein Wirtschaftsgebäude (§ 7 Abs.4 Satz 1 Nr.1 EStG), da er keinem Wohnzweck dient. Deshalb beträgt die AfA jährlich 3% von 900.000,00 € = 27.000,00 €. Da die betriebsgewöhnliche Nutzungsdauer des Gebäudes mehr als 33 Jahre beträgt, kommt die Regelung nach § 7 Abs. 4 Satz 2 EStG nicht zur Anwendung. Im Herstellungsjahr 2008 beträgt die AfA zeitanteilig für 3 Monate 6.750,00 € (27.000,00 € : 12 × 3; § 7 Abs.1 Satz 4 EStG). (5 Punkte)

c) Bei der Darlehensschuld handelt es sich um eine Verbindlichkeit (§ 6 Abs.1 Nr.3 EStG), die mit ihrem Rückzahlungsbetrag/Anschaffungskosten von 600.000,00 € zu bewerten ist. Eine Abzinsung unterbleibt, da die Verbindlichkeit verzinslich ist. (3 Punkte)

Lösungen zur 3. Musterklausur

Aufgabe 1 (1 Punkt)

Die allgemeinen Bewertungsvorschriften des BewG sind nachrangig den Bewertungsvorschriften der Einzelgesetze und gelten dann nicht (§ 1 Abs. 2 BewG), wenn nach den Einzelgesetzen besondere Bewertungsvorschriften bestehen.

Aufgabe 2 (6 Punkte)

– Hauptfeststellung (§ 21 BewG):
Der Einheitswert des Grundbesitzes wird alle sechs Jahre allgemein festgestellt. Dabei werden die Verhältnisse zu Beginn des Kalenderjahres zugrund gelegt. (1 Punkt)

– Nachfeststellung (§ 23 BewG):
Bei Entstehung eine neue wirtschaftliche Einheit zwischen zwei Feststellungszeitpunkten. Der Zeitpunkt ist der 1. Januar, der der Änderung folgt. (1 Punkt)

– Fortschreibung (§ 22 BewG):
Ist durchzuführen, wenn sich Werte zwischen zwei Hauptfeststellungen verändern bzw. bei Beseitigung eines Fehlers der letzten Feststellung (§ 22 Abs.3 BewG). (1 Punkt)
Dabei sind drei Arten zu unterscheiden, wenn
– der Einheitswert sich in den Grenzen des § 22 Abs.1 BewG wertmäßig verändert (Wertfortschreibung), (1 Punkt)
– sich die Art des Gegenstandes ändert (Artfortschreibung; § 22 Abs. abs. 2 BewG), (1 Punkt)
– der Gegenstand einem anderen Steuerschuldner zuzurechnen ist (Zurechnungsfortschreibung; § 22 Abs. 2 BewG). (1 Punkt)

Aufgabe 3 (10 Punkte)

a) Sören Hagen kann einen Einspruch (§ 347 Abs.1 AO) gegen den Einkommensteuerbescheid einlegen und gleichzeitig einen Antrag auf Aussetzung der Vollziehung (§ 361 Abs. 2 Satz 1 AO) stellen. (2 Punkte)

b) Der Bescheid gilt am dritten Tag nach Aufgabe zur Post als bekannt gegeben. In diesem Fall ist dies der 25. Januar 2008 (§ 122 Abs. 2 Nr. 1 AO). Die Dauer der Rechtsbehelfsfrist beträgt einen Monat (§ 355 Abs. 1 AO). Die Frist wird nach den Regeln der §§ 187–193 BGB berechnet (§ 108 Abs. 1 AO). Ende der Frist ist der 25. Februar 2008 um 0:00 Uhr. (3 Punkte)

c) Nein, die Zahlungsfälligkeit unterliegt denselben Regeln wie die Berechnung der Rechtsbehelfsfrist. Also ist die Zahlung bis spätestens 25. Februar 2008 zu leisten. (1 Punkt)

d) Da die Abschlusszahlung in Ordnung ist, hat weder der Einspruch noch der Aussetzungsantrag Aussicht auf Erfolg, so dass die Einkommensteuer-Abschlusszahlung mit 2.574,00 € am 25. Februar 2008 fällig ist. Das Finanzamt wird für die verspätete Zahlung einen Säumniszuschlag gem. § 240 AO erheben. (1 Punkt)

Der Säumniszuschlag beträgt für jeden angefangenen Monat der Säumnis 1 % des abgerundeten rückständigen Steuerbetrags; abzurunden ist auf den nächsten durch 50 Euro teilbaren Betrag (= 2.550,00 €). (1 Punkt)

Der Säumniszuschlag beträgt: 2.550,00 € × 1% × angefangener Monat März = 25,50 €.
2.000,00 € × 1% × angefangener Monat April = 20,00 € = Summe 45,50 € (2 Punkte)

Aufgabe 4 (3 Punkte)

a) Das Finanzamt Mannheim kann die Steuererklärungsfrist verlängern, da dies eine Frist ist, die eine Finanzbehörde gesetzt hat (§ 109 Abs.1 AO). (1 Punkt)

b) Auch die Frist zur Vorlage von Belegen (=behördliche Frist) kann ebenso auf Antrag verlängert werden (§ 109 Abs.1 AO). (1 Punkt)

c) Die Verlängerung der Einspruchsfrist des § 355 AO ist allerdings ausgeschlossen. (Ausschlussfrist!) (1 Punkt)

Aufgabe 5 (6 Punkte)

a) Die Stundungszinsen werden für die Dauer der gewährten Steuerstundung erhoben (§ 234 AO). Sie stellen eine steuerliche Nebenleistung dar (§ 3 Abs.4 AO). (2 Punkte)

b) Die Grunderwerbsteuer ist eine Steuer, da sie eine Geldleistung ist, die nicht eine Gegenleistung für eine besondere Leistung darstellt und von einem öffentlich-rechtlichen Gemeinwesen (Stadt Goslar) zur Erzielung von Einnahmen allen auferlegt wird, bei denen der Tatbestand zutrifft, an den das Gesetz die Leistungspflicht knüpft (Kauf von Grundbesitz). § 3 Abs.1 AO. (2 Punkte)

c) Die Anliegergebühr für die Erschließung der neuen Straße stellt einen Beitrag dar, da eine Gegenleistung (neue Straße vor dem Haus) gegenübersteht, egal, ob diese Leistung in Anspruch genommen wird. Die Tragung der Gesamtkosten erfolgt allerdings nicht alleine. (1 Punkt)

d) Die Zuzahlung zum Reisepass stellt eine Gebühr dar, da eine Inanspruchnahme einer Verwaltungsleistung in Anspruch genommen wurde (Gegenleistung = neuer Ausweis). (1 Punkt)

Aufgabe 6 (2 Punkte)

Der pauschal besteuerte Arbeitslohn bleibt bei der Einkommensteuer-Veranlagung des Arbeitnehmers außer Acht. Auch wird die pauschale Lohnsteuer nicht auf die Einkommensteuerschuld des Arbeitnehmers angerechnet (§ 40 Abs.3 EStG).

Aufgabe 7 (4 Punkte)

Vorgang	Pauschalisierung ja/nein	gesetzliche Regelung	LSt. %-Satz	Punkte
Frau Lehmann ist als Teilzeitbeschäftigte kurzfristig zur Weihnachtszeit als Verkäuferin beschäftigt. Sie arbeitet 3 Wochen (5-Tage-Woche) halbtags 4 Stunden und verdient 11,50 €/Std. Sie übt sonst keine weiteren Beschäftigungen aus.	ja	§ 40a Abs. 1 EStG	25 %	1,5
Herr Schulz ist Aushilfsfahrer und erhält monatlich 400,00 €. Sein Arbeitgeber entrichtet keine pauschalen Beiträge zur Sozialversicherung.	ja	§ 40a Abs. 2a EStG	20 %	1,5
Frau Walter arbeitet regelmäßig zwei Tage die Woche und erhält 15,75 €/Std. Sie übt sonst keine weiteren Beschäftigungen aus.	nein, da über 12,00 €/Std.	§ 40a Abs. 4 Nr. 1 EStG	individuell	1

Aufgabe 8 (2 Punkte)

a) Das vom Kalenderjahr abweichende Wirtschaftsjahr des Bäckermeisters Müller ist steuerlich zulässig. Gemäß § 4a Abs.1 Nr. 2 EStG ist für Gewerbetreibende der Zeitraum zulässig, für den sie regelmäßig Abschlüsse machen. (1 Punkt)

b) Bei Gewerbetreibende gilt der Gewinn des Wirtschaftsjahres als in dem Kalenderjahr bezogen, in dem das Wirtschaftsjahr endet (§ 4a Abs.2 Nr. 2 EStG). Danach muss Müller im Veranlagungszeitraum 2008 (= Kalenderjahr) 175.000,00 € versteuern. (1 Punkt)

Aufgabe 9 (16 Punkte)

a) Die Anschaffungskosten der Werkzeugmaschine betragen 246.000,00 € (240.000,00 € + 6.000,00 €). Die jeweiligen Vorsteuern gehören nicht zu den Anschaffungskosten (§ 9b Abs. 1 Satz 1 EStG). Die Anschlusskosten der Spedition (Anlieferung, Aufstellung und Anschluss) sind Anschaffungsnebenkosten, da sie dazu dienen, die Maschine in einen betriebsbereiten Zustand zu versetzen (§ 255 Abs.1 HGB). (3 Punkte)

b) Unter der Zielsetzung eines möglichst niedrigen Gewinnausweises entwickelt sich der Wert in der Steuerbilanz wie folgt:

	Vorgang	€-Betrag	Punkte
	Zugang 2007 (= Anschaffungskosten)	246.000,00	
-	25 % degressive AfA von 246.000,00 € (§ 7 Abs.2 Satz 3 EStG) zeitanteilig für 4 Monate (§ 7 Abs.1 Satz 4 EStG)	20.500,00	2
	Wert 31.12.2009	225.500,00	1
-	25 % degressive AfA vom Restbuchwert 225.500,00 €	56.375,00	1
	Zwischensumme	169.125,00	
-	Teilwertabschreibung, da Wertminderung voraussichtlich dauernd (§ 6 Abs. 1 Nr. 1 Satz 2 EStG)	19.125,00	2
	Wert 31.12.2010	150.000,00	1

c) Unter der Zielsetzung eines möglichst hohen Gewinnausweises entwickelt sich der Wert in der Steuerbilanz wie folgt:

	Vorgang	€-Betrag	Punkte
	Zugang 2007 (= Anschaffungskosten)	246.000,00	
-	10 % (100 % : 10 NDJ) lineare AfA von AK 246.000,00 € (§ 7 Abs.1 EStG) zeitanteilig für 4 Monate (§ 7 Abs.1 Satz 4 EStG)	8.200,00	1
	Wert 31.12.2007	237.800,00	1
-	10 % lineare AfA von Anschaffungskosten	24.600,00	1
	Zwischensumme	213.200,00	
-	Ab 2010 besteht ein Wahlrecht, d.h. steuerrechtlich ist keine Teilwertabschreibung zwingend notwendig; damit ist die Handelsbilanz ungleich der Steuerbilanz.	(63.200,00)	2
	Wert 31.12.2008	150.000,00	1

Aufgabe 10 (6 Punkte)

a) Betriebsausgaben sind Aufwendungen, die durch den Betrieb veranlasst sind (§ 4 Abs.4 EStG) (1 Punkt)

b)	abziehbare Betriebsausgabe ja/nein/teils Höhe in €	Rechtsgrundlage §	Punkte
Tilgung der Darlehensschuld über 5.000,00 €.	nein	Vorgang auf der Vermögensebene	1
Zimmermann unterstützt bei der Bürgermeisterwahl Anfang 2009 seine Partei mit einer Spende in Höhe von 3.000,00 €.	nein	§ 4 Abs. 6 EStG	1
In der Tischlerei wird Holz im Werte von 1.000,00 € netto gestohlen.	nein	Da die Beschaffung der Waren / Vorräte sich bereits als BA ausgewirkt haben	1
Zu Weihnachten verschenkt Zimmermann an einen guten Kunden einen Holzstuhl im Werte von 30,00 € netto.	ja, da unter 35,00 €	§ 4 Abs. 5 Nr. 1 EStG	1
Für Bewirtungen beim Betriebsfest werden insgesamt 1.000,00 € aufgewendet.	ja	§ 4 Abs. 4 EStG	1

Aufgabe 11 (3 Punkte)

Arno Bauer ist Unternehmer im Sinne des § 2 Abs.1 UStG, da er eine gewerbliche Tätigkeit selbstständig mit der Absicht nachhaltig Einnahmen zu erzielen ausübt. Das Unternehmen umfasst seine gesamte gewerbliche oder berufliche Tätigkeit (§ 2 Abs.1 Satz 2 UStG), bestehend aus dem Spielwarengeschäft und der Vermietung der Geschäfts- und Wohnräume. Nicht dazu gehört das Einfamilienhaus, da es nicht der Einnahmenerzielung dient.

Aufgabe 12 (14 Punkte)

Alle Gesetzesangaben richten sich nach dem Umsatzsteuergesetz (UStG).

TZ	Art des Umsatzes	nicht steuerbar €	steuerbar im Inland €	steuerfrei im Inland €	steuerpflichtig im Inland zu 19 % €	Punkte
a)	Lieferung § 3 Abs. 1 UStG		15.580,00		15.580,00	2
b)	echter Schadensersatz	160,00				2
c)	Lieferung nach Frankreich (innergemeinschaftliche Lieferung)		6.148,00	6.148,00		2
d)	Lieferung § 3 Abs.1 UStG		525,00		525,00	2
e) EG	sonstige Leistung § 3 Abs. 9 UStG; Option nach § 9 UStG		16.250,00		16.250,00	2
e) 1.OG	unentgeltliche sonstige Leistung § 3 Abs. 9a Nr.1 UStG; Option nicht möglich		750,00	750,00		2
e) 2. OG	sonstige Leistung § 3 Abs.9 UStG; Option nicht möglich		625,00	625,00		2

Aufgabe 13 (6 Punkte)

Vorgang/Rechnung	davon abziehbar	davon nicht abziehbar	Punkte
Wareneinkäufe 19 % aus 6.545,00 €	1.045,00 €		1
Renovierung EG	285,00 €		1
Außenputz und Anstricharbeiten	221,67 €	443,33 €	1

Die Vorsteuerbeträge, die steuerpflichtigen Umsätzen direkt zugeordnet werden können, sind in vollem Umfang abzugsfähig. Dies bedeutet für die Vorsteuerbeträge aus den Rechnungen folgendes:

Die Vorsteuer aus den Wareneinkäufen ist voll abzugsfähig, da steuerpflichtige Umsätze. (1 Punkt)

Die Vorsteuer auf die Renovierungsarbeiten im Erdgeschoss ist abzugsfähig, da für die Vermietung der Geschäftsräume eine Option möglich ist, da die Ehefrau steuerpflichtige Umsätze erbringt. (1 Punkt)

Die auf das gesamte Objekt entfallende Vorsteuer aus Außenputz und Anstricharbeiten ist aufzuteilen. Aufteilungsmaßstab ist die vermietete Fläche. Da aber alle Außenwände gleich groß sind, ist 1/3 abziehbar (EG) und 2/3 (1. + 2. OG) nicht abziehbar. (1 Punkt)

Aufgabe 14 (21 Punkte)

a) Schuldner der Gewerbesteuer ist der Unternehmer, d.h. Joachim Kohrs, auf dessen Rechnung, Risiko sowie Initiative das Gewerbe betrieben wird (§ 5 Abs. 1 Satz 1, 2 GewStG). (1 Punkt)

b) Den Gewerbesteuer-Messbetrag erteilt das Betriebsfinanzamt Mölln (§ 22 Abs. 1 AO), den Gewerbesteuerbescheid die Stadt Mölln (§ 184 Abs. 3 AO). (2 Punkte)

c) Die Höhe der Hebesätze ist eine landesrechtliche Regelung. Eine Senkung auf 180 % ist aber insofern auch nicht möglich, da ab dem Veranlagungszeitraum 2004 ein Mindesthebesatz von 200% vorgeschrieben ist (§ 16 Abs. 4 GewStG). (2 Punkte)

d)

Vorgang	Rechtsgrundlage §	Punkte	€-Betrag	Punkte
Gewinn vor Rückstellung	§ 7 GewStG	0,5	280.000,00	
Hinzurechnungen: **Ermittlung der Finanzierungsaufwendungen 2008:** Zinsen: 17.500,00 € ./. Freibetrag: 100.000,00 € somit Hinzurechnungen gem. § 8 GewStG: **0,00 €**	§ 8 Nr.1a GewStG	0,5	0,00	1
Kürzungen: 450.000 DM : 1,95583 = 230.081,35 €; abgerundet auf 230.081,00 € 1,2 % des Einheitswertes des Betriebsgrundstücks 1,2 % von 230.081,00 € × 140 % = 1,2 % von 322.113,00 €	(§ 30 BewG) § 9 Nr.1 GewStG	0,5	- 3.865,00	1 1,5
= Zwischensumme			276.135,00	
abgerundet auf volle 100,00 €	§ 11 Abs.1 GewStG	0,5	276.100,00	1
./. Freibetrag	§ 11 Abs.1 Nr.1 GewStG	0,5	- 24.500,00	1
verbleibender Gewerbeertrag			251.600,00	0,5
3,5 % von 251.600,00 €	§ 11 Abs.2 Nr.1 GewStG	0,5		1
= (vorläufiger) Gewerbesteuer-Messbetrag	§ 14 GewStG	0,5	8.806,00	0,5
× Hebesatz der Gemeinde von	§ 16 GewStG	0,5	350 %	
= Gewerbesteuer-Schuld			30.821,00	0,5

e) Die Vorauszahlungen zur Gewerbesteuer betragen grundsätzlich jeweils ein Viertel der Vorjahresschuld (§ 19 Abs. 1 GewStG) (2 Punkte)
Die Gemeinde kann gemäß § 19 Abs. 3 GewStG die Vorauszahlungen anpassen. Sie kann die Vorauszahlungen zum 15.08. und zum 15.11. soweit erhöhen, dass in der Summe aller vier Vorauszahlungen die Höhe der Vorjahresschuld erreicht wird.

3

Lösungen zum Lehrbuch

Dieses Kapitel enthält die Lösungen zu den im Lehrbuch gestellten Praxisübungen. Die Lösungen sind dem jeweiligen Kapitel zugeordnet.

Inhalt

- Kapitel 1: „Abgabenordnung"
- Kapitel 2: „Bewertungsrecht"
- Kapitel 3: „Wichtige Steuern der Unternehmung"
- Kapitel 4: „Einkommensteuer"
- Kapitel 5: „Lohnsteuer (Arbeitgeber)"
- Kapitel 6: „Gewerbesteuer"
- Kapitel 7: „Umsatzsteuer"

Kapitel 1: „Abgabenordnung"

Aufgabe 1

a) Nicht jede wirtschaftliche Leistung unterliegt der Besteuerung; in den Steuergesetzen muss ausdrücklich eine Leistungspflicht definiert sein. Toto- und Lottogewinne z.B. sind keine steuerpflichtigen Tatbestände.

b) Steuern können nur als Geldleistungen erhoben werden; sie können einmalig erhoben werden (z. B. Erbschaftsteuer, Grunderwerbsteuer) oder eine laufende Zahlungspflicht begründen (z. B. Einkommensteuer). Rechtsgrundlage: § 3 AO

Aufgabe 2

Steuern haben in erster Linie einen fiskalischen Zweck (Finanzierung der Staatsausgaben). Sie können aber auch wirtschaftslenkende Aufgaben – z.B. zur Erreichung bestimmter konjunktureller, sozialer oder verkehrspolitischer Ziele – haben. Steuern unterliegen keiner Zweckbindung, d.h. alle Steuereinnahmen werden unterschiedslos zur Deckung aller Staatsausgaben herangezogen.

Aufgabe 3

Öffentliche Abgaben sind der Oberbegriff für alle durch Finanzhoheit erhobenen Geldleistungen. Sie unterteilen sich in generelle Abgaben (Steuern, Einfuhr- und Ausfuhrabgaben) und spezielle *Abgaben/Vorzugslasten* (Gebühren, Beiträge und Sonderausgaben).

Gebühren sind zum Beispiel: Müllabfuhr- und Abwassergebühr; Gebühr für die Ausstellung eines Reisepasses, einer Ersatz-Lohnsteuer-Karte, für die Steuerberatungsprüfung; Kfz-Zulassungsgebühr; Eintrittsgeld für öffentliche Badeanstalt.

Beiträge sind zum Beispiel: Kurtaxe, IHK-Beitrag, Handwerkskammerbeitrag, Erschließungsbeitrag.

Aufgabe 4

Direkte Steuern sollen die unmittelbare Leistungsfähigkeit des Steuerpflichtigen erfassen, d. h. die Besteuerung der Einkommenserzielung aus Ertrag, Besitz und Vermögenszuwachs.

Indirekte Steuern sollen die mittelbare Leistungsfähigkeit des Steuerpflichtigen erfassen, d. h. die Besteuerung der Einkommensverwendung und des Vermögensverkehrs.

Aufgabe 5

Steuerliche Nebenleistungen sind z. B.:
- Verspätungszuschläge § 152 AO: Fristversäumnis bei der Abgabe der Steuererklärung
- Säumniszuschläge § 240 AO: Fristversäumnis bei der Abführung der Steuer
- Zinsen §§ 233a, 234, 235 und 237 AO: bei Steuernachforderungen, gestundeter und hinterzogener Steuer und bei Aussetzung der Vollziehung aufgrund von Anfechtung
- Erträge aus dem Abgang von Sachanlagen
- Erträge aus der Auflösung von Rückstellungen
- Mieterträge

Aufgabe 6

Bei Steuerpflichten, die sich aus jeder Form von Grundbesitz ergeben, ist das Finanzamt zuständig, in dessen Bezirk sich der Grundbesitz bzw. der wertvollste Teil befindet (*Lagefinanzamt* §§ 18 AO).

Bei Steuerpflichten, die sich aus Gewerbebetrieben, Körperschaften, Personenvereinigungen und Vermögensmassen ergeben, ist das Finanzamt zuständig, in dessen Bezirk sich die Geschäftsleitung bzw. Betriebsstätte befindet (*Betriebsfinanzamt* §§ 18, 20 AO).

Aufgabe 7

a) Ein Verwaltungsakt muss
- eine hoheitliche Maßnahme sein,
- den Einzelfall regeln,
- unmittelbare Außenwirkung haben. (§ 118 AO)

b) Ein Verwaltungsakt wird rechtswirksam, wenn er
- dem Betroffenen zur Kenntnis gelangt,
- nicht an einem schweren Fehler leidet,
- inhaltlich hinreichend bestimmt ist. (§§ 119 Abs.1, 125 Abs.1 AO)

c) - Verwaltungsakt: Steuerbescheid, Festsetzung von Zwangsmitteln
- kein Verwaltungsakt: Gesetze, Mahnungen

Aufgabe 8

a) Aufgabe zur Post erfolgte am:29.03.
Bekanntgabe gilt am 3. Tag nach Postaufgabe als bewirkt:01.04.
(§ 122 Abs. 2 AO)
Ausnahme: nächstfolgender Werktag, wenn 01.04. ein Samstag, Sonntag oder gesetzlicher Feiertag ist
Fristbeginn ein Tag nach Bekanntgabe:02.04.
(§ 108 Abs. 2 AO i.V.m. § 187 Abs.1 BGB)
Die Bekanntgabe (§ 355 Abs. 1 AO) ist das für den Fristbeginn maßgebende Ereignis.

b) Die Einspruchsfrist dauert einen Monat (§ 355 Abs.1 AO) und endet somit mit Ablauf des 01.05.
Da dies ein Feiertag ist, endet die Einspruchsfrist mit Ablauf des 02.05.
(§ 108 Abs. 3 AO i.V.m. § 193 BGB)

Aufgabe 9

Hans Plietsch kann keine rückwirkende Fristverlängerung beantragen, da die Einspruchsfrist eine gesetzliche Frist ist, die nicht durch eine Behörde verlängert werden kann.
Die Wiedereinsetzung in den vorherigen Stand (§ 110 AO) kann bei Fristversäumnis durch urlaubsbedingte Abwesenheit ebenfalls nicht gewährt werden. Der Steuerpflichtige hat die Einspruchsfrist nicht eingehalten und kann deshalb nichts mehr tun.
Rechtsgrundlage: § 110 AO

Aufgabe 10

Grundsätzlich hat jeder Steuerpflichtige spätestens fünf Monate nach dem Kalenderjahr, in dem der steuerpflichtige Tatbestand eingetreten ist, eine Steuererklärung abzugeben. Die Steueranmeldung ist eine Steuererklärung, in der der Steuerpflichtige eine Selbstberechnung der Steuer vorzunehmen hat. Sie hat die Wirkung eines Steuerbescheides unter dem Vorbehalt der Nachprüfung.
Rechtsgrundlage: §§ 149 Abs. 2, 168 AO

Aufgabe 11

a) Der Steuerbescheid muss enthalten:
- die Höhe der festgesetzten Steuer,
- die Art der Steuer,
- die Bezeichnung des Steuerschuldners,
- die Rechtsbehelfsbelehrung,
- die Besteuerungsgrundlagen,
- die Positionen, bei denen von der Steuererklärung abgewichen wurde (§ 157 Abs.1 AO).

b) Das Finanzamt wird einen Steuerbescheid unter dem Vorbehalt der Nachprüfung erlassen (§§ 164, 168 AO).

c) Der unter b) genannte Bescheid hat die Wirkung eines normalen Steuerbescheides; der Vorbehalt entfällt bei einer Bestätigung der Angaben des Steuerpflichtigen durch eine Außenprüfung und bei Fristablauf des Vorbehaltes. Solange der Vorbehalt besteht, kann die Steuer zugunsten oder zuungunsten des Steuerpflichtigen geändert werden (§ 164 AO).

Kapitel 2: „Bewertungsrecht"

Aufgabe 1

Das Bewertungsgesetz unterscheidet folgende Vermögensarten:
- land- und forstwirtschaftliches Vermögen,
- Grundvermögen,
- Betriebsvermögen.

Aufgabe 2

a) Der Einheitswert ist nicht wie der Teilwert eine definierte Rechengröße, er ist lediglich Bemessungsgrundlage für verschiedene Steuerarten auf ein und dasselbe Vermögen. Innerhalb dieser Steuerarten gelten zur Bewertung einzelner Wirtschaftsgüter unterschiedliche Bewertungsverfahren, z. B. Teilwert, gemeiner Wert, Wiederbeschaffungswert u.a. (§§ 19, 20 BewG)

b) Feststellungsarten für den Einheitswert:
- Hauptfeststellung: Grundbesitz alle 6 Jahre
- Nachfeststellung: bei Entstehung einer neuen wirtschaftlichen Einheit
- Fortschreibung: bei bestimmten Wertveränderungen zwischen zwei Hauptfeststellungen (Wertfortschreibung, Artfortschreibung, Zurechnungsfortschreibung (§§ 21–23 BewG))

Aufgabe 3

a) Bei der Bewertung des Betriebsvermögens findet keine separate Berücksichtigung der einzelnen Wirtschaftsgüter statt, da der Wert grundsätzlich aus Verkäufen oder dem Ertragswertverfahren zu ermitteln ist, §§ 109 BewG.

b) Bei der Bewertung des Betriebsvermögens soll als Wert der gemeine Wert im Sinne § 9 BewG angesetzt werden. Der gemeine Wert ist der Ertragswert des Betriebsvermögens, mindestens jedoch der Substanzwert des Unternehmens. Der Ertragswert des Betriebsvermögens wird aus den Verkäufen der letzten drei Jahre abgeleitet; die Ermittlung des Ertragswert-Verfahrens ist gemäß § 199 i.V.m. § 200 BewG geregelt.

Kapitel 3: „Wichtige Steuern der Unternehmung"

Aufgabe 1

a) – Bei der *Einkommensteuer* wird das Einkommen (= Summe aller Einkünfte) der natürlichen Person, d. h. aller lebenden Menschen (von der Geburt bis zum Tod) besteuert.

– Bei der *Körperschaftsteuer* wird das Einkommen der nichtnatürlichen Person (Körperschaft) besteuert, z. B. Kapitalgesellschaft, Genossenschaft, Verein, Anstalt und Stiftung.

b) – Nach der Einkommensteuer werden z. B. besteuert: der sechsjährige Junge (obwohl er geschäftsunfähig ist), wenn er z. B. Kapitaleinkünfte bezieht; der voll geschäftsfähige Einzelunternehmer, der 80-jährige Landwirt, die freiberufliche Dozentin.

– Nach der Körperschaft werden z. B. besteuert: AG, GmbH, eingetragener Verein.

Aufgabe 2

– *Lohnsteuer* wird bei natürlichen Personen bei Einkünften aus nichtselbstständiger Arbeit durch Abzug vom Arbeitslohn durch den Arbeitgeber an das Finanzamt abgeführt. Die Höhe der Lohnsteuer bemisst sich nach dem Jahresarbeitslohn unter Berücksichtigung der Besteuerungsgrundlagen des Einzelnen, die durch die Steuerklassen bestimmt sind.

– Bei der *Einkommensteuer* wird das zu versteuernde Einkommen nach dem Einkommensteuertarif besteuert. Das zu versteuernde Einkommen ermittelt der Steuerpflichtige selbst.

Aufgabe 3

– Natürliche Personen, die ihren Wohnsitz oder gewöhnlichen Aufenthalt im Inland haben, sind *unbeschränkt einkommensteuerpflichtig* mit ihrem gesamten – auch im Ausland erzielten – Einkommen.

– Personen, die ihren ständigen Wohnsitz nicht im Inland haben, jedoch über inländische Einkünfte verfügen, sind *beschränkt einkommensteuerpflichtig*; z. B. viele deutsche Spitzensportler.

Aufgabe 4

a) Die Gewerbesteuer ist eine Real- oder Objektsteuer, da persönliche Merkmale des Steuerschuldners keinen Einfluss auf die Höhe der Steuerschuld haben.

b) Besteuerungsgrundlage für die Gewerbesteuer ist der Gewerbeertrag. Der Gewerbesteuermessbetrag, der sich aus dem maßgebenden Gewerbeertrag nach Kürzung um den Freibetrag und der Multiplikation mit 3,5 % ergibt, ist dann Grundlage für den Hebesatz der jeweiligen Gemeinde.

c) Besteuerungsgegenstand (Objekt) der Gewerbesteuer ist der Gewerbebetrieb. Gewerbebetriebe sind Einzelunternehmen, Personengesellschaften sowie Kapitalgesellschaften.

Aufgabe 5

a) Von der Umsatzsteuer können auch Privatpersonen erfasst werden, d. h. sie werden wie ein Unternehmer behandelt, wenn sie
- im Inland ein neues Fahrzeug liefern, das bei der Lieferung in das übrige Gemeinschaftsgebiet gelangt, oder
- zu Unrecht in einer Rechnung gesondert Umsatzsteuer ausweisen.

b) Dem ermäßigten Steuersatz von 7 % unterliegen z. B.
- Nahrungsmittel,
- lebende Tiere,
- Waren des Buchhandels und Druckereierzeugnisse (Bücher, Zeitungen, Zeitschriften, Broschüren),
- Kunstgegenstände,
- Rollstühle und andere orthopädische Apparate, Prothesen etc.

c) Ein Umsatz ist i. d. R. nur steuerpflichtig oder steuerfrei, wenn der Ort einer Lieferung oder einer sonstigen Leistung im Inland liegt, d. h. überhaupt steuerbar ist, z. B.:
- Lieferungen und sonstige Leistungen, die ein Unternehmer im Inland gegen Entgelt im Rahmen des Unternehmens ausführt,
- Einfuhr von Gegenständen im Inland,
- innergemeinschaftlicher Erwerb im Inland gegen Entgelt.

Kapitel 4: „Einkommensteuer"

Aufgabe 1

Kapitalertragsteuer und Lohnsteuer sind lediglich besondere Erhebungsformen der Einkommensteuer.

Aufgabe 2

drei *Gewinneinkunftsarten:*
- Einkünfte aus Land- und Forstwirtschaft
- Einkünfte aus Gewerbebetrieb
- Einkünfte aus selbstständiger Arbeit

vier *Überschusseinkunftsarten:*
- Einkünfte aus nicht selbstständiger Arbeit
- Einkünfte aus Vermietung und Verpachtung
- Einkünfte aus Kapitalvermögen
- sonstige Einkünfte

Rechtsgrundlage: §§ 2 Abs.1, 22 EStG

Aufgabe 3

Summe der Einkünfte aus den sieben Einkunftsarten	(§ 2 Abs. 1 EStG)
- Altersentlastungsbetrag	(§ 24a EStG)
- Entlastungsbetrag für Alleinerziehende	(§ 24b EStG)
- Freibetrag für Land- und Forstwirte	(§13 Abs.3 EStG)
= Gesamtbetrag der Einkünfte	(§ 2 Abs. 3 EStG)
- Verlustabzug (Verlustrücktrag/-vortrag) nach§ 10d EStG	
- Sonderausgaben	(§§ 10, 10b, 10c EStG)
- außergewöhnliche Belastungen	(§§ 33–33c EStG)
= Einkommen	(§ 2 Abs. 4 EStG)
- Kinderfreibetrag	(§ 32 Abs. 6 EStG)
- Härteausgleich	(§ 46 Abs. 3 EStG, § 70 Abs. 3 EStDV)
= zu versteuerndes Einkommen	(§ 2 Abs. 5 EStG)

Aufgabe 4

Gewinnermittlungsarten:
- partieller Vermögensvergleich (Bestandsvergleich)
- vollständiger Vermögensvergleich (Bilanzvergleich)
- Überschussrechnung
- Tonnagebesteuerung für Seeschifffahrtsunternehmen
- Ermittlung des Gewinns nach Durchschnittsätzen für kleine land- und forstwirtschaftliche Betriebe
- Schätzung von Besteuerungsgrundlagen

Rechtsgrundlage: §§ 4 Abs.1, 3, 5, 5a und 13a EStG sowie § 162 AO

Aufgabe 5

Dem Differenzbetrag zwischen den Betriebsvermögen zweier aufeinanderfolgender Perioden müssen die Entnahmen hinzugezählt und die Einlagen abgezogen werden.

Rechtsgrundlage: § 4 Abs.1 EStG

Aufgabe 6

Der *partielle Vermögensvergleich* richtet sich ausschließlich nach steuerrechtlichen Gesichtspunkten, während der für Kaufleute nach dem HGB zwingend vorgeschriebene *vollständige Vermögensvergleich* nach dem Grundsatz der Maßgeblichkeit der Handelsbilanz für die Steuerbilanz erfolgen muss. Dieser ist somit strenger als der partielle Vermögensvergleich.

Rechtsgrundlage: §§ 4 Abs.1,5 EStG

Aufgabe 7

Bei der *Vereinnahmung* und der *Verausgabung* gilt das Prinzip des Zu- und Abflusses, d. h. es erfolgt keine Periodisierung. Einnahmen gelten als getätigt, wenn der Steuerpflichtige über sie verfügen kann, Ausgaben gelten als getätigt, wenn der Steuerpflichtige keine tatsächliche Verfügungsgewalt mehr über das Geld (die Ware) hat.

Rechtsgrundlage: § 11 EStG

Aufgabe 8

Bei den Gewinneinkunftsarten nicht abgezogen werden dürfen die folgenden Betriebsausgaben:
- Aufwendungen für Geschenke an Personen, die nicht Arbeitnehmer des Steuerpflichtigen sind, wenn die Anschaffungskosten bzw. Herstellungskosten 35,00 € im Jahr übersteigen;
- Aufwendungen für Bewirtung von Personen aus geschäftlichem Anlass, wenn diese Aufwendungen 70 % der nach allgemeiner Auffassung üblichen Bewirtungskosten übersteigen.

Rechtsgrundlage: § 4 Abs.5 Nr.1,2 EStG

Aufgabe 9

Die *Anschaffungskosten* lassen sich stets genau ermitteln. Es sind dies alle Aufwendungen, die geleistet werden, einen Gegenstand zu erwerben und in einen betriebsbereiten Zustand zu versetzen.

Der *Teilwert* basiert auf so genannten Teilwertvermutungen und ist schwankend. Obergrenze ist der Wiederbeschaffungswert, Untergrenze der Einzelveräußerungspreis.

Rechtsgrundlage: §§ 255 Abs. 1 HGB, 6 Abs.1 Nr.1,2 EStG

Aufgabe 10

Nach der Änderung durch das Bilanzrechtsmodernisierungsgesetz (BilMoG) unterscheiden sich die Wertuntergrenzen in der Handelsbilanz und der Steuerbilanz nicht mehr. Durch das BilMoG herbeigeführte Annäherungen gelten für die Handels- als auch für die Steuerbilanz zukünftig grundsätzlich die gleichen Wertuntergrenzen für die Herstellungskosten. Forschungs- und Vertriebskosten dürfen nicht mit in die Ermittlung der Herstellungskosten einbezogen werden, § 255 Abs. 2 S. 4 HGB n.F.

Aufgabe 11

Grenzen für die steuerrechtliche Bewertung des beweglichen Anlagevermögens:
- Obergrenze: AK bzw. HK abzüglich der AfA
- Untergrenze: Teilwert abzüglich der AfA

Aufgabe 12

Arten der Abschreibung:
- Absetzung für Abnutzung (AfA)
- Absetzung für außergewöhnliche Abnutzung (AfaA)
- Teilwertabschreibung
- Sonderabschreibungen (Einzelfallregelungen)

Methoden der Abschreibung:
- lineare Abschreibung
- degressive Abschreibung bis zum 31.12.2007 und für die Jahre 2009 und 2010 befristet
- Leistungsabschreibung

Rechtsgrundlage: § 6 Abs.1, 7–7k EStG

Aufgabe 13

Für einen niedrigen Gewinnausweis sollte die AfA möglichst hoch sein. Daher wird der Unternehmer nur dann den Teilwert wählen (soweit dies zulässig ist), wenn dieser höher ist als der letzte Bilanzansatz.

Rechtsgrundlage: § 7 Abs.1 Nr.1,2 EStG

Aufgabe 14

Einnahmen-Überschussrechnung für 2008 gemäß § 4 Abs. 3 EStG

Betriebseinnahmen 2008:	
Erlöse aus Warenverkäufen	40.000,00 €
sonstige Erträge	1.000,00 €
Steuererstattung (Vorsteuer 2007)	5.000,00 €
Summe Betriebseinnahmen	46.000,00 €

Betriebsausgaben 2008:	
Materialeinkäufe	10.000,00 €
Löhne/Gehälter	12.500,00 €
Betriebsteuern (GewSt, USt.)	5.500,00 €
AfA-Beträge	2.500,00 €
Summe Betriebsausgaben	30.500,00 €
Gewinn 2008	15.500,00 €

Die Erbschaft ist ein Vorgang der Privatsphäre, deshalb handelt es sich nicht um eine Betriebseinnahme.

Hinweise:
- In eine Einnahmen-Überschuss-Rechnung gehören auch vereinnahmte/verausgabte Umsatzsteuerbeträge.
- Bei Anlagenabgang ist der Restbuchwert als Betriebsausgabe zu erfassen.

Kapitel 5: „Lohnsteuer (Arbeitgeber)"

Aufgabe 1

Für Januar des folgenden Jahres ist eine Lohnsteuer-Anmeldung abzugeben, da die Lohnsteuer für das vorangegangene Kalenderjahr nach Umrechnung mehr als 4.000,00 € betragen hat.
→ 750 für 2 Monate × 6 = 4.500,00 € p. a.

Rechtsgrundlage: § 41a Abs.1 und 2 EStG

Aufgabe 2

a) Das Buchgeschenk an die Schreibkraft stellt keine Erhöhung des Arbeitslohns dar, weil es sich um eine reine Aufmerksamkeit handelt (Sachzuwendung bis zu 40,00 € aus Anlass eines besonderen persönlichen Ereignisses; R 19.6 LStR) und ist somit lohnsteuerlich nicht relevant.

b) Die Zuwendung an die Raumpflegerin stellt eine Erhöhung des Arbeitslohns dar, weil sie Ausdruck des Dienstverhältnisses ist; die Zuwendung unterliegt somit der Lohnsteuer.

Rechtsgrundlage: § 2 Abs.1 LStDV bzw. § 19 Abs.1 EStG [anderer (einmaliger) Bezug aus der Beschäftigung im privaten Dienst]

Aufgabe 3

Weist der Arbeitnehmer nach, dass keine Schuldhaftigkeit vorliegt, so hat der Arbeitgeber für die Lohnsteuerberechnung die ihm bekannten Familienverhältnisse zugrunde zu legen.
Weiterhin hat der Arbeitgeber die Möglichkeit – wenn der Arbeitnehmer eine Lohnsteuerkarte für das neue Kalenderjahr bis zur Lohnabrechnung nicht vorgelegt hat –, die Lohnsteuer von dem Arbeitslohn für den Monat Januar aufgrund der Eintragungen auf der Lohnsteuerkarte für das vergangene Kalenderjahr zu ermitteln.
Nach Vorlage der Lohnsteuerkarte ist die Lohnsteuerermittlung für den Monat Januar zu überprüfen und gegebenenfalls zu ändern.

Rechtsgrundlage: § 39c EStG

Kapitel 6: „Gewerbesteuer"

Aufgabe 1

Merkmale des Gewerbebetriebs:
- selbstständige Tätigkeit,
- nachhaltige Betätigung,
- die Absicht Gewinn zu erzielen,
- die Teilnahme am allgemeinen wirtschaftlichen Geschehen,
- es darf sich nicht um eine land- und forstwirtschaftliche, freiberufliche oder andere selbstständige Tätigkeit handeln.

Als Unternehmer eines Gewerbebetriebs zählt, für dessen Rechnung das Gewerbe betrieben wird.

Rechtsgrundlagen: § 15 Abs.2 EStG, § 5 Abs.1 GewStG

Aufgabe 2

a) Stellt die Hundezucht eine selbstständige nachhaltige Betätigung dar, die mit der Absicht, Gewinn zu erzielen, unternommen wird und sich am allgemeinen Wirtschaftsverkehr beteiligt, liegt ein Gewerbetrieb vor.
➔Einkünfte aus Gewerbebetrieb

b) Frau Haber-Recht erzielt Einkünfte aus freiberuflicher Tätigkeit. Zu der freiberuflichen Tätigkeit gehört die selbstständig ausgeübte wissenschaftliche, künstlerische, schriftstellerische, unterrichtende oder erzieherische Tätigkeit. Es liegt kein Gewerbebetrieb vor.
➔Einkünfte aus selbstständiger Arbeit

c) Herr Walther erzielt Einkünfte aus Vermietung und Verpachtung von unbeweglichem Vermögen (Grundstücke, Gebäude, Gebäudeteile etc.). Es liegt kein Gewerbebetrieb vor.
➔Einkünfte aus Vermietung und Verpachtung

d) Stellt die Vermittlung von Baugrundstücken eine selbstständige nachhaltige Betätigung dar, die mit der Absicht, Gewinn zu erzielen, unternommen wird und die sich am allgemeinen Wirtschaftsverkehr beteiligt, liegt ein Gewerbetrieb vor.
➔Einkünfte aus Gewerbebetrieb

Rechtsgrundlagen: §§ 15 Abs.2, 18 Abs.1, 21 Abs.1 EStG

Aufgabe 3

Ermittlung der Finanzierungsaufwendungen:

Schuldzinsen	180.000,00 €
+ 20 % Mieten und Leasingzahlungen für bewegliche Wirtschaftsgüter	6.800,00 €
=	186.800,00 €
- Freibetrag	100.000,00 €
=	86.800.00 €
davon 25 %	21.700,00 €

Ermittlung des Steuermessbetrages:

Gewinn		384.007,00 €
+ Hinzurechnungen		44.200,00 €
§ 8 Nr. 1a-f GewStG	21.700,00 €	
§ 8 Nr. 8 GewStG	22.500,00 €	
- Kürzungen		3.962,00 €
1,2 % von 140 % vom Einheitswerts der Betriebsgrundstücke(27.500,00 €)	462,00 €	
Gewinnanteile an KG	3.500,00 €	
= maßgeblicher Gewerbeertrag		424.245,00 €
abgerundet auf volle 100,00 €		424.200,00 €
- Freibetrag		24.500,00 €
= verbleibender Betrag		399.700,00 €
= Steuermessbetrag 3,5 %		13.989,00 €

Hierauf ist der Hebesatz der jeweiligen Gemeinde anzuwenden.

Rechtsgrundlagen: §§ 7, 8, 9, 11 GewStG

Kapitel 7: „Umsatzsteuer"

Aufgabe 1

Berger ist Unternehmer im Sinne des § 2 Abs.1 UStG, da er
- eine gewerbliche Tätigkeit selbstständig nachhaltig ausübt und
- mit der Absicht tätig ist, Einnahmen zu erzielen.

Aufgabe 2

1. Sachverhalt

Es handelte sich um eine steuerbare Lieferung, da die Lieferung
- von einem Unternehmer
- im Inland
- gegen Entgelt
- im Rahmen seines Unternehmens ausgeführt wurde. (§ 1 Abs.1 Nr.1 UStG)

Die Lieferung ist am 20. Mai auch ohne Eigentumsübergang wirksam, da die Verfügungsmacht an der Schrankwand verschafft wurde (§ 3 Abs.1 UStG).

Der volle Kaufpreis wird im Mai erfasst, da Berger nach vereinbarten Entgelten versteuert (§ 16 Abs.1 UStG); es erfolgt keine USt.-Befreiung nach § 4 UStG.

Die Bemessungsgrundlage ist gemäß § 10 Abs.1 UStG das Entgelt ohne Umsatzsteuer: 5.600,00 €

Der Steuersatz beträgt 19 % (§ 12 Abs.1 UStG): 1.064,00 €

2. Sachverhalt

Kein steuerbarer Leistungsaustausch zwischen Berger und Krüger gemäß § 1 Abs.1 Nr.1 UStG, da Berger keine Lieferung oder sonstige Leistung erbracht hat: echter Schadensersatz.

Berger hat aber die Möglichkeit des Vorsteuerabzugs (§ 15 Abs.1 Nr.1 UStG) für die in der Rechnung der Werkstatt Lehmann ausgewiesene Umsatzsteuer: 855,00 €

3. Sachverhalt

Keine Vorsteuerabzugsmöglichkeit, da Berger das Tischchen nicht von einem anderen Unternehmer erworben hat (§ 15 Abs.1 Nr. UStG).

Die unberechtigte Rechnungsausstellung durch den Angestellten G. führt nur zu umsatzsteuerrechtlichen Konsequenzen bei G. (§ 14c Abs. 2 UStG).

4. Sachverhalt

Steuerbarer Gegenstandsentnahme; da Berger einen Gegenstand aus seinem Unternehmen für (private) Zwecke entnommen hat, die außerhalb des Unternehmens liegen (§ 3 Abs.1b Nr.1 UStG).

Keine Befreiung nach § 4 UStG.

Die Bemessungsgrundlage bildet der Einkaufspreis zum Zeitpunkt des Umsatzes (Eigenverbrauchs) (§ 10 Abs. 4 Nr.1 UStG): 3.900,00 €

Der Steuersatz beträgt 19 % (§ 12 Abs. 1 UStG): 741,00 €

5. Sachverhalt

Steuerbare Lieferung am 26. Mai (§ 1 Abs.1 Nr.1 UStG); keine Befreiung nach § 4 UStG.

Die Bemessungsgrundlage ist das Entgelt ohne Umsatzsteuer (§ 10 Abs.1 UStG): 7.600,00 €

Der Steuersatz beträgt 19 % (§ 12 Abs.1 UStG): 1.444,00 €

Die Änderung der Bemessungsgrundlage (§ 17 Abs.1 Nr.1 UStG) am 5. Juni, aufgrund des Skontoabzugs durch den Kunden Delta, wirkt sich erst bei der USt.-Voranmeldung im Juni aus: Umsatzsteuerkorrektur 43,32 €.

6. Sachverhalt

Kein steuerbarer Leistungsaustausch, da Berger seinen Bass nicht im Rahmen des Unternehmens veräußert hat (§ 1 Abs.1 Nr.1 UStG).

7. Sachverhalt

Die Rechnung des Polsterers Schulz berechtigt Berger nicht zum Vorsteuerabzug, da die Umsatzsteuer nicht gesondert in der Rechnung ausgewiesen ist (§ 15 Abs.1 Nr.1 UStG).

Aufgabe 3

Polsterer Schulz ist verpflichtet, auf Verlangen von Berger eine Rechnung mit gesondertem Umsatzsteuerausweis auszustellen (§ 14 Abs.1 Satz 1 UStG).
Diese neue Rechnung berechtigt Berger dann zum Vorsteuerabzug in dem Voranmeldungszeitraum, in dem sie vorliegt.

Xpert Business WirtschaftsWissen

Titel	Preis (inkl. USt.)	ISBN/Bestellnr.
Systeme und Funktionen der Wirtschaft	11,95 €	978-3-86718-**600**-1
Wirtschafts- und Vertragsrecht	11,95 €	978-3-86718-**601**-8
Unternehmensorganisation und -führung	11,95 €	978-3-86718-**602**-5
Produktion, Materialwirtschaft und Qualitätsmanagement	11,95 €	978-3-86718-**603**-2
Finanzen und Steuern	11,95 €	978-3-86718-**604**-9
Marketing und Vertrieb	11,95 €	978-3-86718-**605**-6
Personal- und Arbeitsrecht	11,95 €	978-3-86718-**606**-3
Rechnungswesen und Kostenrechnung	11,95 €	978-3-86718-**607**-0
WirtschaftsWissen - kompakt	22,95 €	978-3-86718-**611**-7
WirtschaftsWissen für Existenzgründer	29,95 €	978-3-86718-**612**-4

WirtschaftsWissen kompakt

Das Buch fasst eine Auswahl wichtiger und besonders relevanter Themen aus der Fachbuchreihe 8x8-WirtschaftsWissen zusammen. Es bietet fundiertes und aktuelles Basiswissen zum Verständnis des Wirtschafslebens und einen orientierenden Einstieg in das Xpert Business-System.

- Baustein 1 - Systeme und Funktionen der Wirtschaft
- Baustein 2 - Wirtschafts- und Vertragsrecht
- Baustein 3 - Unternehmensorganisation und -führung
- Baustein 4 - Produktion, Materialwirtschaft und Qualitätsmanagement
- Baustein 5 - Finanzen und Steuern
- Baustein 6 - Marketing und Vertrieb
- Baustein 7 - Personal- und Arbeitsrecht
- Baustein 8 - Rechnungswesen und Kostenrechnung

Xpert Personal Business Skills

Titel	Preis (inkl. USt.)	ISBN/Bestellnr.
Wirksam vortragen - Rhetorik 1	15,95 €	978-3-86718-**080**-1
Erfolgreich verhandeln - Rhetorik 2	15,95 €	978-3-86718-**081**-8
Zeit optimal nutzen - Zeitmanagement	15,95 €	978-3-86718-**082**-5
Erfolgreich verkaufen - Verkaufstraining	15,95 €	978-3-86718-**083**-2
Projekte realisieren - Projektmanagement	15,95 €	978-3-86718-**084**-9
Konflikte lösen - Konfliktmanagement	15,95 €	978-3-86718-**085**-6
Erfolgreich moderieren - Moderationstraining	15,95 €	978-3-86718-**086**-3
Probleme lösen und Ideen entwickeln	15,95 €	978-3-86718-**087**-0
Kompetent entscheiden und verantwortungsbewusst handeln	15,95 €	978-3-86718-**088**-7
Teams erfolgreich entwickeln und leiten	15,95 €	978-3-86718-**089**-4
Overhead-Folien und Bildschirmshows	15,95 €	978-3-86718-**090**-0
Präsentationen gekonnt durchführen	15,95 €	978-3-86718-**091**-7

EDV

Titel	Preis (inkl. USt.)	ISBN/Bestellnr.
Grundlagen der EDV XP	13,95 €	978-3-86718-**310**-9
Windows XP	13,95 €	978-3-86718-**318**-5
PC-Starter - Version für Windows 7	13,95 €	978-3-86718-**340**-6
Grundlagen Internet XP	13,95 €	978-3-86718-**311**-6
Textverarbeitung XP	13,95 €	978-3-86718-**312**-3
Textverarbeitung 2003	13,95 €	978-3-86718-**332**-1
Textverarbeitung 2007	13,95 €	978-3-86718-**341**-3
Tabellenkalkulation XP	13,95 €	978-3-86718-**313**-0
Tabellenkalkulation 2003	13,95 €	978-3-86718-**333**-8
Tabellenkalkulation 2007	13,95 €	978-3-86718-**342**-0
Datenbanken XP	13,95 €	978-3-86718-**314**-7
Datenbanken 2007	13,95 €	978-3-86718-**343**-7

Xpert Culture Communikation Skills

Titel	Preis (inkl. USt.)	ISBN/Bestellnr.
Interkulturelle Kompetenz	19,95 €	978-3-86718-**200**-3
Cross-cultural competence (englischsprachige Ausgabe)	21,95 €	978-3-86718-**201**-0
Leben und Arbeiten in Deutschland	11,95 €	978-3-86718-**202**-7

Bilanzierung

Das Lehrbuch vermittelt umfassende Kenntnisse der Bilanzierung als Bestandteil des externen Rechnungswesens.

- Grundlagen der Bilanzierung
- Inhalt und Gliederung der Bilanz
- Vorschriften zur Bewertung in der Bilanz
- Bewertung des Anlagevermögens
- Bewertung des Umlaufvermögens
- Bewertung des Fremdkapitals
- Bilanzierung und Bewertung sonstiger Posten
- Bilanzierung des Eigenkapitals
- Jahresabschluss bei Kapitalgesellschaften
- Einführung in die Bilanzanalyse
- Grundzüge der Konzernrechnungslegung
- Grundlagen der internationalen
- Rechnungslegung

Büroorganisation

Titel	Preis (inkl. USt.)	ISBN/Bestellnr.
Büroorganisation und Arbeitsoptimierung (HardCover-Ausgabe)	34,80 €	978-3-86718-**400**-7
Büroorganisation (SoftCover-Ausgabe)	27,80 €	978-3-86718-**402**-1
LOTUS NOTES- und IT-Anwendungen	9,95 €	978-3-86718-**401**-4

Büroorganisation

Dieses Praxishandbuch zeigt Ihnen:

- wie Sie mit der neuen Arbeitsmethode 4C Ihre Arbeit in Sekretariat und Büro effizient und effektiv organisieren,
- wie Sie mit einer optimalen Büroausstattung aber auch durch einfache Tricks und kleine Alltagshilfen Ihren Arbeitsplatz übersichtlich einrichten, die tägliche Büroarbeit vereinfachen und sich von Zettelwirtschaften befreien,
- wie Sie am Telefon, per Fax, Brief und E-Mail schnell, sicher und souverän kommunizieren, und Termine professionell und zeitgemäß managen,
- wie Sie Gäste stilsicher betreuen und Events professionell planen und durchführen und die Reisen Ihres Chefs effizient und professionell organisieren.

Darüber hinaus gibt dieses Praxishandbuch Einblicke in wichtige Zusammenhänge und Begrifflichkeiten der Betriebswirtschaft, des Controllings und der Verhaltenspsychologie und stellt die wichtigsten Managementinstrumente vor.

Konditionen und Kundenservice

Bestellservice und Kundenservice

Ob es um Fragen zu unseren Produkten, zu einer Lieferung oder um aktuelle Informationen geht, unser Kundenservice ist gern für Sie da. Sie werden von Ihrem persönlichen Kundenbetreuer individuell beraten oder mit dem Experten für die jeweiligen inhaltlichen Fragen verbunden.

- Online: www.edumedia.de
  Bestellen Sie zu jeder Tages- und Nachtzeit. Zeitunabhängig und zuverlässig.

- Telefon-Hotline: 05031 - 909800
  Treffen Sie individuelle Absprachen mit Ihrem persönlichen Kundenbetreuer. Wir sind flexibel!

- Fax: 05031 - 909801
  Nutzen Sie das beiliegende Faxformular.

- E-Mail: info@edumedia.de
  Bestellen Sie bequem und zeitunabhängig.

Bestellformular

(auch per Fax an 05031 - 90 98 01)

EduMedia

Zu Händen: Frau Karola Macholdt

Ich bestelle:

Anzahl	Titel	Bestellnummer / ISBN

	Rechnungsanschrift	Lieferanschrift
Institut		
Straße		
PLZ / Ort		
Ansprechpartner		
Telefon		
E-Mail		
Kundennummer		

☐ Ich habe die Allgemeinen Geschäftsbedingungen der EduMedia GmbH zur Kenntnis genommen und stimme diesen zu. (Die AGB finden Sie in unserem aktuellen Katalog oder auf der Website www.edumedia.de)

EduMedia-Kundenservice:

Logistikzentrum

Ziegelhüttenweg 4
98693 Ilmenau

Kundenservice

Telefon: 05031 - 90 98 00
Fax: 05031 - 90 98 01

E-Mail/Web

info@edumedia.de
www.edumedia.de

Unsere Lieferbedingungen

Lieferungen erfolgen bei 1 Exemplar als Büchersendung mit einer Versandkostenpauschale von 3,00 Euro (inkl. MwSt), ab 2 Exemplaren erfolgt die Lieferung als versichertes Paket.
Weitere Informationen zu unseren Lieferbedingungen erfahren Sie unter: www.edumedia.de/lieferbedingungen

Widerrufsbelehrung

Widerrufsrecht

Sind Sie Verbraucher und haben Sie mit der EduMedia GmbH einen Vertrag unter ausschließlicher Verwendung von Fernkommunikationsmitteln, insbesondere per Telefon, E-Mail oder Telefax oder über den EduMedia-Online-Shop (Warenkorb) geschlossen, können Sie Ihre Vertragserklärung innerhalb von 14 Tagen ohne Angabe von Gründen in Textform (z.B. Brief, Fax, E-Mail) oder - wenn Ihnen die Sache vor Fristablauf überlassen wird - durch Rücksendung der Sache widerrufen. Die Frist beginnt nach Erhalt dieser Belehrung in Textform, jedoch nicht vor Eingang der Sache beim Empfänger und auch nicht vor Erfüllung unserer Informationspflichten gemäß Art 246 § 2 EGBGB in Verbindung mit § 1 Abs. 1 und 2 EGBGB sowie unserer Pflichten gemäß § 312e Abs. 1 Satz 1 BGB in Verbindung mit Art. 246 § 3 EGBGB. Zur Wahrung der Widerrufsfrist genügt die rechtzeitige Absendung des Widerrufs oder der Sache.
Der Widerruf sowohl durch Rücksendung der Sache als auch per Brief ist zu richten an:

EduMedia GmbH
Ziegelhüttenweg 4 — oder per Fax an: 05031 - 90 98 01
98693 Ilmenau — oder per E-Mail an: info@edumedia.de

Widerrufsfolgen

Im Falle eines wirksamen Widerrufs sind die beiderseits empfangenen Leistungen zurückzugewähren und ggfs. von uns gezogene Nutzungen (z. B. Zinsen) herauszugeben. Können Sie uns die empfangene Leistung ganz oder teilweise nicht oder nur in verschlechtertem Zustand zurückgewähren, müssen Sie uns insoweit ggfs. Wertersatz leisten. Bei der Überlassung von Sachen gilt dies nicht, wenn die Verschlechterung der Sache ausschließlich auf deren Prüfung - wie sie Ihnen etwa in einem Ladengeschäft möglich gewesen wäre - zurückzuführen ist. Für eine durch die bestimmungsgemäße Ingebrauchnahme der Sache entstandene Verschlechterung müssen Sie keinen Wertersatz leisten.

Rücksendung

Für Rücksendungen stimmen Sie sich bitte telefonisch oder per Mail mit unserem Kundenservice (s.o.) ab. Paketversandfähige Sachen sind auf unsere Gefahr zurückzusenden. Sie haben die Kosten der Rücksendung zu tragen, wenn die gelieferte Sache der bestellten Sache entspricht und wenn der Preis der zurückzusendenden Sache einen Betrag von 40 Euro nicht übersteigt oder wenn Sie bei einem höheren Preis der Sache zum Zeitpunkt des Widerrufs noch nicht die Gegenleistung oder eine vertraglich vereinbarte Teilzahlung erbracht haben. Anderenfalls ist die Rücksendung für Sie kostenfrei. Nicht paketversandfähige Sachen werden bei Ihnen abgeholt. Verpflichtungen zur Erstattung von Zahlungen müssen innerhalb von 30 Tagen erfüllt werden. Die Frist beginnt für Sie mit der Absendung Ihrer Widerrufserklärung oder der Sache, für uns mit deren Empfang.